OEUVRES

DE

MOLIÈRE

ILLUSTRATIONS

PAR

MAURICE LELOIR

LES FOURBERIES DE SCAPIN

PARIS

CHEZ EMILE TESTARD, ÉDITEUR

18, RUE DE CONDÉ, 18

—

M DCCC XCVI

OEUVRES

DE

J.-B. P. DE MOLIÈRE

―――

LES FOURBERIES DE SCAPIN

JUSTIFICATION DU TIRAGE

———

Il a été fait pour les Amateurs un tirage spécial sur papier de luxe à 550 exemplaires, numérotés à la presse.

		NUMÉROS
125 exemplaires sur papier du Japon.		1 à 125
75 — sur papier de Chine.		126 à 200
150 — sur papier Vélin à la cuve.		201 à 350
200 — sur papier Vergé de Hollande.		351 à 550

OEUVRES

DE

MOLIÈRE

ILLUSTRATIONS

PAR

MAURICE LELOIR

NOTICE

PAR

T. DE WYZEWA

———

LES FOURBERIES DE SCAPIN

PARIS

CHEZ ÉMILE TESTARD, ÉDITEUR

18, RUE DE CONDÉ, 18

—

M DCCC XCVI

NOTICE

SUR

LES FOURBERIES DE SCAPIN

D ANS l'édition originale des *Fourberies de Scapin*, qui fut imprimée le 18 août 1671, c'est-à-dire trois mois après la représentation de la pièce, la liste des acteurs fait de Scapin le « valet d'Octave » et désigne Sylvestre comme le « valet de Léandre », tandis qu'en réalité c'est le premier de ces deux coquins qui est au service de Léandre, et Sylvestre à celui d'Octave. Il n'y a là évidemment qu'une négligence la plus naturelle du monde; et ce serait folie d'exiger qu'à son double génie de poète et de comédien Molière eût joint encore les talents d'un parfait correcteur d'imprimés. Et cependant il me semble que, pour insignifiante que soit en elle-même cette petite erreur de typographie, un commentateur un peu fantaisiste pourrait, sans trop de peine, l'élever jusqu'à la dignité d'un symbole, et résumer en elle, d'un seul coup, toute l'histoire et toute la critique des *Fourberies de Scapin*.

Car on ne saurait nier, d'abord, que cette joyeuse comédie soit essentiellement, et en toute manière, une improvisation. Elle fut écrite, répétée, montée, durant la court intervalle qui sépara la représentation de *Psiché* aux Tuileries, devant le Roi, de sa reprise sur la scène du Palais-Royal. Molière craignait-il, comme on l'a pensé, que le public de la ville

ne prît pas autant de goût que celui de la cour aux agréments un peu
sévères de cette belle tragédie ? Ou bien ne serait-ce point plutôt les
comédiens de sa troupe qui se seraient méfiés du succès de *Psiché*, et qui
auraient obtenu du poëte de pouvoir offrir aux habitués du Palais-Royal,
en même temps que la tragédie-ballet et par manière de compensation,
une farce mieux appropriée aux traditions de l'endroit ? Nous savons du
moins qu'un beau jour Molière décida de surseoir aux répétitions de
Psiché, et que peu de semaines après, le 24 mai 1671, eut lieu la première
représentation des *Fourberies de Scapin*.

Ces *Fourberies* seraient simplement, au dire de Voltaire, « une de ces
farces que Molière avait préparées en province ». Mais encore faut-il
s'entendre sur ce que signifie le mot « préparées ». Molière s'est-il borné
à récrire, en la remettant au point, une pièce antérieure, toute faite déjà
quant au sujet, à l'intrigue, et aux détails essentiels ? Ou bien, comme
d'autres l'ont cru, a-t-il emprunté à une de ces farces anciennes tel épisode
des *Fourberies*, cet épisode du sac, par exemple, qu'on a effectivement
retrouvé dans l'action, et jusque dans le titre, d'une petite pièce d'ailleurs
assez médiocre, *Gorgibus dans le sac*, attribuée désormais, sur la seule foi
de cette hypothèse, à l'auteur de *l'Ecole des Femmes* et du *Misanthrope* ?
Ou bien enfin Voltaire s'est-il trompé, sur ce point-là comme sur
d'autres, et Molière n'a-t-il eu nul besoin de recourir au vieux répertoire de ses tournées de province pour préparer les *Fourberies de Scapin* ?

Quoi qu'il en soit, la pièce porte assez clairement, dans son plan
général et dans toutes ses parties, la trace des conditions de hâte où elle
fut composée. On pourrait dire en vérité qu'elle n'est faite que d'emprunts, mais d'emprunts si directs, et si peu déguisés, que leur franchise
même suffit à justifier Molière de toute accusation de plagiat. « Il m'est
permis de reprendre mon bien partout où je le trouve, » aurait répondu le
poëte à ceux qui lui reprochaient d'avoir ainsi emprunté deux scènes au
Pédant Joué de son ami Cyrano; et Dieu sait toutes les belles dissertations
qu'on a faites sur cette réponse, sans que tant d'éclaircissements, du
reste, aient eu jamais d'autre effet que de l'obscurcir! N'est-on pas allé
jusqu'à supposer que Cyrano lui-même avait jadis emprunté à Molière
l'idée de ces deux scènes, auquel cas l'auteur des *Fourberies* eût eu vraiment le droit de « reprendre son bien » ? Mais ce n'était pas à lui,
certainement, que Rotrou avait emprunté la scène de la *Sœur* que nous

retrouvons presque tout entière dans la scène première du premier acte de *Scapin;* et moins encore on peut imaginer que Molière se soit borné à « reprendre son bien » en transportant comme il l'a fait dans sa comédie plusieurs passages de Plaute et toute l'intrigue d'une comédie de Térence. Je consens, d'autre part, que le poëte ait toujours le droit de s'approprier les heureuses inventions de ses prédécesseurs, quand il le juge convenable pour la beauté de son œuvre : et Molière ne s'en est point fait faute, dans ses pièces même les plus travaillées. Mais il n'en est pas moins vrai que ni dans le *Misanthrope,* ni dans l'*Avare,* ni dans les *Femmes Savantes,* nous ne nous accommoderions avec la même facilité d'emprunts aussi nombreux et aussi immédiats, tandis que dans les *Fourberies de Scapin* il n'y a guère personne qui ne s'en arrange pour le mieux, à commencer par l'auteur lui-même.

C'est que les *Fourberies de Scapin* ne sont pas, à proprement parler, une comédie comme les autres. Molière, en l'écrivant, ne s'est préoccupé sans doute ni d'étendre sa renommée, ni moins encore d'exprimer une conception de la vie qui lui fût personnelle. Il n'a songé qu'à enrichir sa troupe et à divertir son public : et il y a employé le moyen qui lui a paru le plus sûr et le plus rapide. Une farce de circonstance, une œuvre pour ainsi dire anonyme, et sans la moindre prétention de survivre au hasard dont elle était née : voilà ce qu'ont dû être, dans la pensée de Molière, les *Fourberies de Scapin.* Et s'il y a mis, par surcroît, assez de son génie pour les rendre immortelles, c'est en vertu de ce privilège qu'a l'esprit de pouvoir « souffler où il veut ». Il a plu à l'esprit de souffler sur cette hâtive besogne de traduction et d'imitation : et l'impromptu projeté s'est trouvé changé en un chef-d'œuvre de verve comique. Mais l'intention primitive de Molière n'en reste pas moins évidente : et de là vient que nous nous résignons si volontiers à tous ces emprunts, dans une pièce que nous sentons bien que l'auteur lui-même n'a jamais prise au sérieux.

Le premier de ces emprunts, et le plus important, est celui qu'a fait Molière au *Phormion* de Térence. On a observé à ce propos que c'était devenu une habitude chez le poëte, à cette époque de sa vie, de demander aux deux grands comiques latins les sujets de ses pièces. « L'*Avare,* a-t-on dit, et quelques mois avant cette comédie l'*Amphitryon,* étaient imités de Plaute; *Scapin* l'est de Térence. » Sans doute; mais quel contraste profond entre les deux façons d'imiter! Dans les pièces de Plaute, Molière

n'a vu que des prétextes au libre développement de son génie créateur :
à peine si l'on peut dire qu'il s'en est inspiré, comme faisait Racine des
tragédies d'Euripide. En face d'Harpagon, si vivant et si vrai, avec un caractère si fortement accentué, que reste-t-il de l'*Aululaire?* Et que reste-t-il
de l'*Amphitryon* de Plaute auprès de l'*Amphitryon* français, cet extravagant,
ce délicieux mélange de lyrisme et de bouffonnerie? Tout autre est le cas
pour les *Fourberies de Scapin*. Molière, ici, ne s'est pas seulement inspiré
de la comédie de Térence : il l'a pour ainsi dire transcrite en français. Il
en a gardé le sujet, l'ordonnance, les principaux caractères, et traduit
presque littéralement des dialogues entiers, se bornant à remplacer par
une plaisanterie plus vive et plus parisienne la plaisanterie décidément
trop défraîchie du poète latin.

Il est vrai que c'est cette plaisanterie, et non pas le sujet ni les caractères
de la pièce, qui fait pour nous tout l'intérêt des *Fourberies de Scapin*. Mais
cela n'empêche pas que, pour le fond, la comédie de Molière ne soit simplement une adaptation de celle de Térence. Dans l'un et dans l'autre
nous voyons deux vieillards ridicules exploités et bernés par leurs fils,
avec l'aide des valets de ceux-ci et de quelques « fourbes » toujours prêts
à se mêler de méchantes affaires. Les vieillards du *Phormion* s'appellent
Chremès et Démiphon. Il a été convenu entre eux qu'Antiphon, le fils de
Démiphon, épouserait une fille que Chremès a eue jadis d'une femme de
Lemnos, et qu'il n'a point revue depuis sa naissance. Mais pendant un
voyage que fait Chremès à Lemnos pour y reprendre sa fille, son fils
rencontre à Athènes une jeune fille si belle et si malheureuse, qu'il ne
peut s'empêcher de l'épouser en secret : et le fils de Chremès, Phédria,
s'éprend pour sa part d'une joueuse de cithare que son maître, un mar-
chand d'esclaves, refuse de lui céder à moins de trente mines. Les deux
jeunes gens s'adressent à leurs valets, Davus et Geta, l'un pour extorquer
à Démiphon la rançon de sa joueuse de cithare, l'autre pour apaiser la
colère de Chremès; et les deux valets, à leur tour, s'adressent à une sorte
de chevalier d'industrie, Phormion, qui parvient par ses ruses à tout
arranger. Sous prétexte d'épouser lui-même la jeune femme d'Antiphon,
il obtient des deux vieillards les trente mines qu'il faut à Phédria pour
le rachat de sa maîtresse. Et quand Chremès découvre que la femme qu'a
épousée Antiphon est précisément cette fille qu'il a vainement cherchée à
Lemnos pour la lui donner en mariage, Phormion, qui n'est pas homme à

se déconcerter, contraint encore les vieillards à le recevoir à leur table, et à le traiter en ami. Davus, Geta et Phormion, de chacun de ces trois personnages Molière a pris quelques traits, et c'est d'eux trois qu'il a fait Scapin.

Veut-on maintenant quelques exemples de la façon dont il a étendu jusqu'aux détails son imitation du *Phormion*? Voici d'abord le récit fait par Geta de la première rencontre de son maître Antiphon et de la jeune femme qu'il a épousée :

GETA

On part, on arrive, on la voit. Une belle fille, en effet, et d'autant plus belle que rien ne relève sa beauté. Cheveux épars, pieds nus, négligé complet : des larmes, de méchants habits. Phédria, tout entier à l'amour de sa jeune chanteuse : « Elle est assez gentille, » dit-il. Mais Antiphon...

DAVUS

Je devine, il devient amoureux ?

GETA

Et à quel point, tu vas voir. Ecoute. Le lendemain il va droit à la vieille. Il la prie de lui donner accès. Elle refuse. Elle dit que la jeune fille est d'Athènes, de bonne vie et de bons parents. S'il veut la prendre pour femme il a le droit de le faire, « autrement rien ». (Acte I, scène II, traduction Talbot.)

A la fin de l'acte premier, Antiphon, épouvanté du soudain retour de son père, demande à Geta comment il pourra s'excuser devant lui :

ANTIPHON

Je n'ai plus la tête à moi !

GETA

Mais c'est le moment de l'avoir plus que jamais, Antiphon. Si votre père découvre que vous avez peur, il va vous croire coupable.

ANTIPHON (*cherchant à se donner un air animé*).

Et en jouant l'assurance ? Comme ceci, est-ce bien ?

GETA

Vous voulez rire ?

ANTIPHON

Voyez cet air, hein ? Est-ce bien ?

GETA

Non.

ANTIPHON

Et maintenant ?

GETA

Presque.

ANTIPHON

Et maintenant ?

GETA

C'est bien! Allons, ne bougez plus! Que vos paroles répondent aux siennes, votre ton à son ton !

ANTIPHON

Parfaitement !

GETA

La violence, la contrainte, la loi, la justice! Eh bien, y êtes-vous?... Mais quel est ce vieillard qui paraît à l'autre bout de la place ?

ANTIPHON

C'est lui ! je n'y tiens plus !

GETA

Eh bien! que faites-vous ? Où allez-vous, Antiphon ? Restez, restez, vous dis-je !

ANTIPHON

Non, je me connais! Sauvez ma Phanium, sauvez-moi ! (*Il s'enfuit.*)

PHEDRIA

Geta, que va-t-il arriver ?

GETA

On va vous chanter pouille; et moi, ou je me trompe fort, on va me fouetter d'importance. (Acte I, scène IV.)

Au commencement de l'acte suivant, Démiphon s'écrie, en apprenant le mariage secret de son fils :

Je ne sais quel parti prendre, tant ce qui m'arrive est étrange, incroyable. On devrait bien, quand tout marche le mieux au gré de ses désirs, songer plus que jamais aux moyens de supporter les revirements fâcheux, un danger, un désastre, un exil. Quiconque voyage doit se figurer qu'au retour il va trouver son fils en faute, sa femme morte, sa fille malade. En se disant que c'est ce qui arrive journellement, que tout cela est possible, l'âme n'est point prise au dépourvu, et par là les chances inespérées sont autant de gagné.

GETA (*à Phedria*).

On ne croirait pas, Phedria, combien je suis plus sage que mon maître. J'ai déjà calculé, moi, tout ce qui me pend au nez à son retour, moulin, bastonnade, fers aux pieds, travail rustique, rien de tout cela ne prendra mon âme au dépourvu, et les chances inespérées seront autant de gagné. (Acte, II, scène I.)

Et les imitations se poursuivent presque scène par scène, entremêlées d'emprunts à d'autres comédies de Térence et de Plaute. C'est ainsi qu'un des épisodes les plus amusants des *Fourberies de Scapin*, la fausse hésitation de Scapin à prendre l'argent qu'il a extorqué d'Argante, vient en droite ligne des *Bacchis* de Plaute, où l'esclave Chrysale feint, lui aussi, de refuser la somme que lui offre son maître :

NICOBULE

Prends cet or, Chrysale, et tu le porteras à mon fils.

CHRYSALE

Je ne prendrai rien. Cherchez un autre commissionnaire.

NICOBULE

Prends donc ! Tu es insupportable.

CHRYSALE

Non, non, dis-je, je ne veux pas.

NICOBULE

Tu nous fais perdre bien du temps.

CHRYSALE

Je vous dis que je ne veux pas me charger de cet or. Ou bien envoyez avec moi quelqu'un qui me surveille.

NICOBULE

Ah ! à la fin tu m'impatientes !

CHRYSALE

Donnez donc, puisqu'il le faut ! (Acte IV, scène IX.)

On dirait cependant que Molière, dans ces pièces latines, n'a pas trouvé un compte suffisant de « fourberies » pour amuser son public. Toujours est-il qu'après avoir employé celles que lui fournissaient Térence et Plaute, il s'est adressé au répertoire de son temps pour s'en procurer de nouvelles : et c'est ainsi qu'aux ruses de Phormion et de Chrysale sont venues se joindre les deux scènes peut-être les plus fameuses des *Fourberies*, la scène de la galère et la scène du sac.

La scène de la galère, et par surcroît le dialogue de Zerbinette avec le vieux Géronte, Molière les a tirés directement du *Pédant Joué* de Cyrano Bergerac, dont une réédition venait précisément de paraître dans les premiers mois de l'année 1671. Le passage de Cyrano a été trop souvent cité pour que nous ayons ici à y revenir. On sait que Molière en a poussé l'imitation jusqu'au détail des paroles, et que, depuis l'exclamation de Géronte : « Qu'allait-il faire dans cette galère ? », jusqu'aux éclats de rire de la jeune femme, les deux scènes de *Scapin* se retrouvent dans le *Pédant Joué*. Quant à la scène du sac, on ne peut même pas dire à qui Molière l'a empruntée, tant elle était d'un usage fréquent dans la vieille farce italienne et française. Aussi bien la scène elle-même de la galère paraît-elle avoir servi à plus d'un auteur. Elle figure notamment dans un *canevas* italien de Flaminio Scala, publié en 1611, et qui peut bien avoir inspiré Cyrano. Pour la scène du sac, le plus simple est encore de s'en tenir au renseignement que nous donne Boileau, dans le passage célèbre où il reproche à Molière d'avoir

> ... *à Térence allié Tabarin.*

Deux des *farces tabariniques* qui nous ont été conservées ont en effet pour sujet les mésaventures d'un personnage ridicule qu'on fait entrer, par persuasion, dans un sac : et il y a même une de ces farces où Tabarin et Isabelle se joignent pour rouer de coups le vieux Lucas ainsi empaqueté.

Mais on n'en finirait pas à vouloir relever tous les emprunts faits par Molière aux uns et aux autres : sa pièce, nous l'avons dit, en est toute remplie. Et comme ces emprunts ne l'empêchent pas de rester très originale dans ce qu'elle a qui nous touche, et l'une de celles peut-être où le génie de Molière s'affirme le plus librement, nous n'aurions pas même pris la peine de les signaler s'ils ne nous avaient paru bien faits pour nous renseigner sur l'intention première des *Fourberies de Scapin*. Evidemment Molière n'a point cherché à écrire une vraie comédie, ni à l'offrir au public comme venant de lui. Sa seule ambition, cette fois, a été de servir aux habitués du Palais-Royal une farce capable de les divertir, et de compenser au besoin l'échec de *Psiché*. C'est le directeur de théâtre, et non pas le poète, qui s'est ainsi occupé de traduire, en grande hâte, une comédie de Térence, et d'y transporter tels quels, où, à peu près, des mots, des fragments de dialogue, et des scènes entières, dont il n'y avait personne dans la salle qui ne fût un peu capable de retrouver l'origine. Les *Fourberies de Scapin* étaient pour lui quelque chose comme une compilation, un pot-pourri où il ne prétendait à rien autre qu'à avoir habilement ajusté des morceaux recueillis de droite et de gauche. Et voilà peut-être pourquoi il n'a point même pris la peine de relire, avant de la faire imprimer, la liste des acteurs de sa pièce.

Aussi bien lui aurait-il fallu la relire avec un soin tout particulier pour s'apercevoir de l'interversion du rôle des valets. Car *Scapin* n'est pas seulement une pièce improvisée, et pour ainsi dire anonyme : c'est une pièce où les personnages eux-mêmes n'ont ni un caractère bien précis, ni un rôle bien défini. A qui importe-t-il de savoir si Géronte est le père d'Octave ou de Léandre, et auquel de ces deux jeunes gens appartient Scapin ? Ce dernier est, en somme, le seul personnage qui pense, qui parle, qui agisse, le seul qui vive parmi les types convenus qui l'entourent. Encore ne vit-il, lui aussi, que d'une vie tout impersonnelle, comme une incarnation idéale de la *fourberie*, et sans qu'un seul moment nous songions à nous demander d'où il vient, quel âge il peut avoir, s'il est marié ou célibataire, et comment il s'arrange pour concilier avec son métier de valet tant de liberté et d'impertinence.

A ce point de vue comme à maints autres, les *Fourberies de Scapin* occupent une place unique dans l'œuvre de Molière. C'est peut-être la seule de ses grandes comédies où il n'y ait trace ni d'une intention satirique, ni même du moindre souci de réalité. Et rien ne sert de soutenir, pour expliquer cette anomalie, que les *Fourberies* ne sont qu'une farce, dans le genre de *Monsieur de Pourceaugnac* et du *Bourgeois Gentilhomme* : car *Monsieur de Pourceaugnac* et le *Bourgeois Gentilhomme* ont beau être des farces, le génie d'observation de Molière s'y déploie tout entier. Sans parler de M. Jourdain et de Pourceaugnac, et des travers sociaux dont ils sont l'image, il n'y a pas jusqu'aux comparses, aux professeurs et aux apothicaires qui n'aient, dans ces deux pièces, des caractères inoubliables. Quoi de pareil dans les *Fourberies* ? Actions et personnages, tout y est du pur domaine de la fantaisie. Et de là vient sans doute l'amusement parfait que nous y trouvons, et notre indulgence pour tant de détails qui auraient de quoi nous choquer pour peu que nous nous

XXVIII. *b*

avisions de les prendre au sérieux. Ni les pères, ni les fils, pour ne rien dire des valets, ni Géronte, ni Octave, ni leurs deux pendants, ne témoignent de sentiments qui puissent nous les rendre aimables. Et cependant ils nous amusent, et l'idée ne nous vient pas de nous scandaliser : car nous sentons bien que tout cela n'est vrai que pour nous divertir un moment, que ces personnages sont des êtres de raison, sans l'ombre de réalité, et que les coups de bâton eux-mêmes ne font de mal à personne.

Est-ce donc à dire que les *Fourberies de Scapin* soient simplement une farce, où Molière, après tant d'œuvres supérieures, aurait rabaissé son génie? C'était, comme l'on sait, l'opinion de Boileau :

> ..... *Molière, illustrant ses écrits,*
> *Peut-être de son art eût remporté le prix,*
> *Si, moins ami du peuple en ses doctes peintures,*
> *Il n'eût point fait souvent grimacer ses figures,*
> *Quitté pour bouffon l'agréable et le fin,*
> *Et sans honte à Térence allié Tabarin.*
> *Dans ce sac ridicule où Scapin s'enveloppe,*
> *Je ne reconnais plus l'auteur du* Misanthrope.

Jugement si dur, que Voltaire lui-même a cru devoir protester contre lui ! Et vraiment, comme le dit l'auteur de *Candide,* « qui donc aura le prix de l'art comique, si Molière ne l'a pas? » Mais ce n'est pas de l'art comique en général, c'est seulement de *Scapin* que nous avons à nous occuper. Et il nous semble, pour commencer, que le respect des Anciens a porté Boileau à se faire une étrange idée de la comédie de Térence. A supposer même que les *Fourberies de Scapin* ne soient qu'une farce indigne de Molière, le *Phormion* du poète latin les égale, tout au moins, pour l'impersonnalité des caractères, et pour le manque d'élévation des idées, et pour l'absence complète de tous scrupules moraux. Phormion, à vrai dire, n'enferme pas dans un sac le vieillard qu'il a dupé : mais il se conduit à son égard comme un maître-chanteur éhonté, et cela n'empêche pas l'auteur de lui prodiguer son admiration. Pères et fils, dans la pièce de Térence, ont des âmes également viles; et Molière, en les transportant dans sa pièce, a par instants essayé de les rehausser. Quant à l'épisode du sac, Térence aurait été trop heureux de pouvoir l'emprunter à quelque Tabarin de son temps. Laissons donc là Térence, une fois pour toutes ! Et de la critique de Boileau ne retenons qu'un seul point : le reproche qu'il fait à Molière d'être, à cette époque de sa vie, descendu jusqu'à écrire une farce sans vérité et sans poésie.

Nous croyons avoir suffisamment expliqué, tout à l'heure, les circonstances qui ont amené Molière à s'interrompre ainsi de son œuvre de poète. Il avait une troupe à diriger, et force lui était bien de s'occuper d'elle. Mais pour ce qui est d'être une simple farce, oui certainement, c'est ce que Molière a voulu que fussent les *Fourberies de Scapin*. Et une farce plus exclusivement *farce*, plus dépourvue de toute portée supérieure que toutes celles qu'il avait offertes à son public les années précédentes. Mais il avait compté sans son génie, qui, même dans cette besogne où il n'avait que faire, est venu à l'improviste réclamer sa place. Car à quelque genre qu'on attribue les *Fourberies de Scapin*, on ne saurait nier que c'est une œuvre de génie, toute débordante, aujourd'hui encore, d'esprit et de jeunesse. Dans les passages même qu'il imite, dans ceux même qu'il traduit ou qu'il emprunte à des confrères sans presque les changer, il suffit à Molière d'une touche imperceptible pour tout relever, pour tout embellir. Mystérieux privilège, qui nulle part ailleurs, peut-être, ne se laisse constater aussi parfaitement ! C'est ici que l'on peut dire surtout que le génie du poète a su créer de l'art avec le néant. Dans une pièce qu'il ne pouvait pas même considérer comme étant de lui, une pièce où il n'y avait ni vie, ni vérité, Molière a su, miraculeusement, faire jaillir du sol une vérité, une vie immortelles. Et peut-être le miracle, après tout, n'est-il point si mystérieux : il s'explique par ces qualités de mesure et de tact, et par cette incomparable maîtrise de style, que Molière désormais ne pouvait s'empêcher d'appliquer à tous les sujets qu'il traitait. Voilà ce qui lui a permis, à son insu, de faire des *Fourberies de Scapin* le chef-d'œuvre qu'elles sont ; et au lieu de lui reprocher de les avoir écrites à ce moment de sa vie, Boileau aurait dû se réjouir plutôt de l'heureux accident qui avait fait coïncider la composition de cette farce avec l'époque du complet épanouissement du génie de son auteur.

Mais c'est là un accident dont Molière lui-même ne paraît s'être rendu compte. Et quand l'erreur qu'il a commise, dans sa liste des acteurs, nous conduirait encore à supposer que sa pièce ne l'intéressait pas, l'hypothèse, une fois de plus, se trouverait d'accord avec la vérité. Tout paraît prouver, en effet, que Molière n'aimait pas les *Fourberies de Scapin*. Du jour où, trompant ses prévisions et celles de sa troupe, le succès de *Psiché* se fut affirmé, il retira de l'affiche, pour ne plus jamais l'y remettre, la farce d'abord destinée à compenser l'échec de la tragédie. Tandis qu'il reprenait volontiers le *Bourgeois gentilhomme* et ses autres pièces, pas une fois il ne tenta de ressusciter les *Fourberies de Scapin*. Il les fit jouer en tout dix-sept fois, du 24 mai au 19 juillet 1671. Et nous ignorerions même le nom des comédiens qui en créèrent les rôles, sans les beaux vers que voici de l'étonnant Robinet :

> ..... *Cet étrange Scapin-là*
> *Est Molière en propre personne,*
> *Qui dans une pièce qu'il donne*
> *Depuis dimanche seulement,*
> *Fait ce rôle admirablement,*
> *Tort ainsi que le Torrillière*
> *Un furieux porte-rapière,*
> *Et la grande actrice Beauval*
> *Un autre rôle jovial,*
> *Qui vous feroit pâmer de rire.*

T. DE WYZEWA.

LES
FOURBERIES
DE
SCAPIN
COMEDIE

FOURBERIES DE SCAPIN

Maurice Leloir inv.   Émile Testard Éditeur.   Géry-Richard sc.

Imp. Greenbaugh. Paris.

LES
FOURBERIES
DE
SCAPIN

COMEDIE

PAR

J B. P. MOLIERE

Et se vend pour l'Auteur.

A PARIS

CHEZ PIERRE LEMONNIER, AU PALAIS,
VIS A VIS LA PORTE DE L'EGLISE DE LA S. CHAPELLE.
A L'IMAGE S. LOUIS ET AU FEU DIVIN.

M.DC.LXXI.
AVEC PRIVILEGE DU ROY.

Privilège du Roy.

Louis, par la Grâce de Dieu Roy de France et de Navarre : A nos amez et féaux Conseillers les Gens tenans nos Cours de Parlement, Maistres des Requestes ordinaires de nostre Hostel, Baillifs, Séneschaux, Prévosts et leurs Lieutenans, et à tous autres nos Justiciers et Officiers qu'il appartiendra, SALUT.

Nostre cher et bien amé I. B. P. DE MOLIÈRE nous a très humblement fait remontrer· qu'il auroit cy-devant composé, pour nostre Divertissement, plusieurs Pièces de Théâtre, partie desquelles il auroit fait imprimer par divers Imprimeurs ou Libraires, en conséquence des Privilèges que Nous luy en avons accordé pour l'impression de chacune en particulier. Mais, la pluspart desdits Privilèges estans expirez, et les autres prests d'expirer, plusieurs desdites Pièces ont esté réimprimées en vertu de Lettres obtenues par surprise en nostre Grande Chancelerie, portant permission d'imprimer ou faire imprimer les Œuvres dudit Molière, sans avoir son consentement; dans lesquelles réimpressions il s'est fait quantité de fautes qui blessent la réputation de l'Autheur : ce qui l'a obligé de revoir et corriger tous ses Ouvrages pour les donner au Public dans leur dernière perfection. Mais, comme il luy faut faire une grande dépense, tant pour l'Impression que pour les Figures qu'il faut graver, il craint que quelques Envieux de son travail ne luy fassent contrefaire par concurrance, de mesme que l'on a déjà fait de plusieurs de sesdites Pièces, ce qui l'empescheroit de retirer les frais qu'il auroit faits, et luy causeroit une perte très considérable, s'il ne luy estoit pourveu de nos Lettres sur ce nécessaires.

XXVIII.   1

A ces causes, désirans favorablement traitter l'Exposant, Nous luy avons permis et permettons, par ces Présentes, de faire imprimer, vendre et débiter, en tous les Lieux de nostre Royaume et Terres de nostre obéissance, toutes les Pièces de Théâtre par luy composées jusques à présent lesquelles ont esté représentées, et ce conjointement ou séparément, en un ou plusieurs volumes, en telle marge ou caractère et autant de fois qu'il voudra, durant le temps et espace de neuf années, à compter du jour que chaque Pièce ou Volume sera achevé d'imprimer pour la première fois, en vertu des Présentes. Pendant lequel temps faisons très expresses inhibitions et défenses à toutes Personnes, de quelque Qualité ou Condition qu'elles soient, d'imprimer, vendre ou distribuer aucune desdites Pièces de Théâtre sans le consentement de l'Exposant, ou de ceux qui auront droict de luy, sous prétexte d'augmentation, correction, changement de titre, fausse marque, ou autrement, en quelque manière que ce soit, ny en extraire aucune chose, à peine de dix mille livres d'amende, payable sans déport par chacun des contrevenans, applicable un tiers à l'Hostel-Dieu de nostre bonne Ville de Paris, un tiers au Dénonciateur et l'autre tiers à l'Exposant, de confiscation des exemplaires contrefaits, et de tous despens, dommages et intérests.

En outre, défendons, sur les mesmes peines, à tous Marchands Forains, nos Sujets ou Etrangers, d'en apporter, vendre ou eschanger en nostre Royaume, sur les mesmes peines et de confiscation des autres Marchandises qui s'y trouveront jointes ; outre lesquelles Nous voulons que tous Libraires, Imprimeurs ou Relieurs, qui seront saisis d'aucuns Exemplaires contrefaits desdites Pièces de Théâtre, soient cassez et sequestrez du Corps de la Librairie sans pouvoir à l'avenir s'en mesler en aucune manière; à condition qu'il sera mis deux Exemplaires de chacune desdites Pièces, imprimées en vertu des Présentes, en nostre Bibliothèque publique, un autre au Cabinet des Livres de nostre Chasteau du Louvre, et un en celle de nostre très cher et féal Chevalier, Chancelier de France, le Sieur Séguier, avant que de l'exposer en vente : à peine de nullité des Présentes, du contenu desquelles voulons et vous mandons que vous fassiez jouïr pleinement et paisiblement l'Exposant et ceux qui auront droict de luy, sans souffrir qu'il leur soit donné aucun trouble ny empeschement.

Voulons aussi qu'en mettant, au commencement ou à la fin de chacun desdits Exemplaires, un Extrait des Présentes, elles soient tenues pour bien et deuement signifiées, et que foy y soit adjoustée, et aux Coppies collationnées par l'un de nos amez et féaux Conseillers et Secrétaires, comme à l'Original.

Mandons au premier notre Huissier ou Sergent, sur ce requis, de faire, pour l'exécution d'icelles, tous Exploits, Saisies, Exécution et autres Actes nécessaires, sans demander autre Permission, Visa ny *Pareatis*, CAR TEL EST NOSTRE PLAISIR ; nonobstant Clameur de Haro, Chartre Normande, Déclarations, Arrests et Réglemens, Statuts et Confirmations d'iceux Priviléges obtenus oü à obtenir, soit que les tems de ceux qui ont esté obtenus soient expirez ou non, Oppositions ou Appellations quelconques, et sans préjudice d'icelles, pour lesquelles Nous n'entendons qu'il difère et dont Nous retenons la connoissance à Nous et à nostre Conseil, et qui ne pourront nuire audit Exposant, en faveur duquel et du mérite de ses Ouvrages, nous dérogeons à ce que dessus pour ce regard seulement.

Donné à Saint-Germain en Laye, le dix-huitième jour de Mars, l'an de Grâce mil six cens soixante-unze, et de nostre Régne le vingt-huit.

Signé : *Par le Roy en son Conseil*, D'ALENCÉ, et scellé.

Achevé d'imprimer pour la première fois le 18° jour d'Aoust 1671.

ARGANTE, Père d'Octave et de Zerbinette.

GÉRONTE, Père de Léandre et de Hiacinte.

OCTAVE, Fils d'Argante, et Amant de
Hiacinte.

LÉANDRE, Fils de Géronte, et Amant
de Zerbinette.

ZERBINETTE, cruë Egyptienne et re-
connue Fille d'Argante, et Amante de
Léandre.

HIACINTE, Fille de Géronte, et Amante
d'Octave.

SCAPIN, Valet d'Octave, et Fourbe.

SILVESTRE, Valet de Léandre.

NÉRINE, Nourrice de Hiacinte.

CARLE, Fourbe.

Deux Porteurs.

La Scène est à Naples.

HIACINTHE
Je veux conjurer de vouloir servir nostre amour.

ACTE PREMIER

SCÈNE PREMIÈRE

OCTAVE, SILVESTRE

OCTAVE

SILVESTRE
Ma foy, je suis autant embarassé que vous.

H, fâcheuses nouvelles pour un Cœur amoureux! Dures extrémitez où je me voy réduit! Tu viens, Silvestre, d'aprendre au Port que mon Père revient?

SILVESTRE

Oüy.

OCTAVE

Qu'il arrive ce matin mesme?...

SILVESTRE

Ce matin mesme.

OCTAVE

Et qu'il revient dans la résolution de me marier...

SILVESTRE

Oüy.

OCTAVE

Avec une Fille du Seigneur Géronte ?...

SILVESTRE

Du Seigneur Géronte.

OCTAVE

Et que cette Fille est mandée de Tarente icy pour cela ?

SILVESTRE

Oüy.

OCTAVE

Et tu tiens ces nouvelles de mon Oncle...

SILVESTRE

De vostre Oncle.

OCTAVE

A qui mon Père les a mandées par une Lettre...

SILVESTRE

Par une Lettre.

OCTAVE

Et cet Oncle, dis-tu, sçait toutes nos affaires ?

SILVESTRE

Toutes nos affaires.

OCTAVE

Ah! parle, si tu veux, et ne te fais point, de la sorte, arracher les mots de la bouche.

SILVESTRE

Qu'ay-je à parler davantage ? Vous n'oubliez aucune circonstance, et vous dites les choses tout justement comme elles sont.

OCTAVE

Conseille-moy, du moins, et me dy ce que je dois faire dans ces cruelles conjonctures.

SILVESTRE

Ma foy, je m'y trouve autant embarassé que vous, et j'aurois bon besoin que l'on me conseillast moy-mesme.

OCTAVE

Je suis assassiné par ce maudit retour.

SILVESTRE

Je ne le suis pas moins.

OCTAVE

Lors que mon Père aprendra les choses, je vais voir

fondre sur moy un orage soudain d'impétueuses réprimandes.

SILVESTRE

Les réprimandes ne sont rien, et plût au Ciel que
j'en fusse quitte à ce prix ! Mais j'ay bien la mine,
pour moy, de payer plus cher vos folies, et je voy se
former de loin un nuage de coups de baston, qui cre-
vera sur mes épaules.

OCTAVE

O Ciel ! par où sortir de l'embaras où je me trouve ?

SILVESTRE

C'est à quoy vous deviez songer, avant que de vous
y jetter.

OCTAVE

Ah, tu me fais mourir par tes leçons hors de saison !

SILVESTRE

Vous me faites bien plus mourir par vos actions
étourdies.

OCTAVE

Que dois-je faire ? Quelle résolution prendre ? A
quel remède recourir ?

SCÈNE II

SCAPIN, OCTAVE, SILVESTRE

SCAPIN

Qu'est-ce, Seigneur Octave ? Qu'avez-vous ? Qu'y a-t-il ? Quel désordre est-ce là ? Je vous voy tout troublé.

OCTAVE

Ah, mon pauvre Scapin, je suis perdu ; je suis desespéré ; je suis le plus infortuné de tous les Hommes !

SCAPIN

Comment ?

OCTAVE

N'as-tu rien appris de ce qui me regarde ?

SCAPIN

Non.

OCTAVE

Mon Père arrive avec le Seigneur Géronte, et ils me veulent marier.

SCAPIN

Hé bien, qu'y a-t-il là de si funeste ?

OCTAVE

Hélas, tu ne sçais pas la cause de mon inquiétude !

SCAPIN

Non; mais il ne tiendra qu'à vous que je ne la
sçache bientost; et je suis Homme consolatif, Homme
à m'intéresser aux affaires des jeunes Gens.

OCTAVE

Ah! Scapin, si tu pouvois trouver quelque invention, forger quelque machine, pour me tirer de la
peine où je suis, je croirois t'estre redevable de plus
que de la vie!

SCAPIN

A vous dire la vérité, il y a peu de choses qui me
soient impossibles, quand je m'en veux mesler. J'ay
sans doute reçeu du Ciel un génie assez beau pour
toutes les fabriques de ces gentillesses d'Esprit, de ces
galanteries ingénieuses, à qui le vulgaire ignorant donne
le nom de Fourberies; et je puis dire, sans vanité,
qu'on n'a guère veu d'Homme qui fût plus habile
ouvrier de ressorts et d'intrigues, qui ait acquis plus
de gloire que moy dans ce noble Mestier. Mais, ma
foy, le mérite est trop maltraitté aujourd'huy, et j'ay
renoncé à toutes choses depuis certain chagrin d'une
affaire qui m'arriva.

OCTAVE

Comment? Quelle affaire, Scapin!

SCAPIN

Une avanture où je me broüillay avec la Justice.

OCTAVE

La Justice ?

SCAPIN

Oüy. Nous eûmes un petit démeslé ensemble.

SILVESTRE

Toy et la Justice ?

SCAPIN

Oüy. Elle en usa fort mal avec moy, et je me dépi-
tay de telle sorte contre l'ingratitude du Siècle que je
résolus de ne plus rien faire. Baste! Ne laissez pas de
me conter vostre avanture.

OCTAVE

Tu sçais, Scapin, qu'il y a deux mois que le Seigneur
Géronte et mon Père s'embarquèrent ensemble pour
un Voyage qui regarde certain commerce où leurs
intérêts sont meslez...

SCAPIN

Je sçay cela.

OCTAVE

Et que Léandre et moy nous fûmes laissez par nos
Pères, moy sous la conduite de Silvestre, et Léandre
sous ta direction.

SCAPIN

Oüy. Je me suis fort bien acquité de ma charge.

OCTAVE

Quelque temps après, Léandre fit rencontre d'une jeune Egyptienne, dont il devint amoureux.

SCAPIN

Je sçay cela encore.

OCTAVE

Comme nous sommes grands Amis, il me fit aussitost confidence de son amour, et me mena voir cette Fille, que je trouvai belle à la vérité, mais non pas tant qu'il vouloit que je la trouvasse. Il ne m'entretenoit que d'elle chaque jour; m'exagéroit à tous momens sa beauté et sa grâce; me loüoit son esprit, et me parloit avec transport des charmes de son entretien, dont il me raportoit jusqu'aux moindres paroles, qu'il s'efforçoit toujours de me faire trouver les plus spirituelles du Monde. Il me querelloit quelquefois de n'estre pas assez sensible aux choses qu'il me venoit dire, et me blâmoit sans cesse de l'indiférence où j'étois pour les feux de l'Amour.

SCAPIN

Je ne voy pas encore où cecy veut aller.

OCTAVE

Un jour que je l'accompagnois pour aller chez les
Gens qui gardent l'Objet de ses vœux, nous enten-
dîmes, dans une petite Maison d'une Rue écartée,
quelques plaintes meslées de beaucoup de sanglots.
Nous demandons ce que c'est. Une femme nous dit,
en soupirant, que nous pouvions voir là quelque chose
de pitoyable en des Personnes étrangères, et qu'à moins
que d'estre insensibles, nous en serions touchés.

SCAPIN

Où est-ce que cela nous meine ?

OCTAVE

La curiosité me fit presser Léandre de voir ce que
c'estoit. Nous entrons dans une Salle, où nous voyons
une vieille Femme mourante, assistée d'une Servante
qui faisoit des regrets, et d'une jeune Fille toute fon-
dante en larmes, la plus belle et la plus touchante
qu'on puisse jamais voir.

SCAPIN

Ah, ah !

OCTAVE

Une autre auroit paru effroyable en l'état où elle
estoit ; car elle n'avoit pour habillement qu'une méchante petite Jupe, avec des Brassières de nuit qui

étoient de simple futaine, et sa coëffure estoit une Cornette jaune, retroussée au haut de sa teste, qui laissoit tomber en désordre ses cheveux sur ses épaules ; et cependant, faite comme cela, elle brillait de mille attraits, et ce n'estoit qu'agrémens et que charmes que toute sa personne.

SCAPIN

Je sens venir les choses.

OCTAVE

Si tu l'avois veue, Scapin, en l'état que je dy, tu l'aurois trouvée admirable.

SCAPIN

Oh, je n'en doute point; et, sans l'avoir veue, je voy bien qu'elle estoit tout-à-fait charmante !

OCTAVE

Ses larmes n'estoient point de ces larmes désa-gréables qui défigurent un visage. Elle avoit à pleurer une grâce touchante, et sa douleur estoit la plus belle du Monde.

SCAPIN

Je voy tout cela.

OCTAVE

Elle faisoit fondre chacun en larmes, en se jettant amoureusement sur le corps de cette Mourante, qu'elle appelloit sa chère Mère, et il n'y avoit Personne qui n'eust l'âme percée de voir un si bon naturel.

SCAPIN

En effet, cela est touchant, et je voy bien que ce bon naturel-là vous la fit aimer.

OCTAVE

Ah, Scapin, un Barbare l'auroit aimée!

SILVESTRE

Assurément. Le moyen de s'en empescher?

OCTAVE

Après quelques paroles, dont je tâchay d'adoucir la douleur de cette charmante Affligée, nous sortîmes de là; et, demandant à Léandre ce qu'il lui sembloit de cette Personne, il me répondit froidement qu'il la trouvoit assez jolie. Je fus piqué de la froideur avec laquelle il m'en parloit, et je ne voulus point luy découvrir l'effet que ses beautez avoient fait sur mon âme.

SILVESTRE

Si vous n'abrégez ce récit, nous en voilà pour jusqu'à demain. Laissez-le moy finir en deux mots. — Son cœur prend feu dès ce moment. Il ne sçauroit plus vivre qu'il n'aille consoler son aimable Affligée. Ses fréquentes visites sont rejettées de la Servante,

devenue la Gouvernante par le trépas de la Mère.
Voilà mon Homme au désespoir. Il presse, supplie,
conjure : point d'affaire. On luy dit que la Fille, quoi-
que sans bien et sans apuy, est de Famille honneste,
et qu'à moins que de l'épouser, on ne peut souffrir ses
poursuites. Voilà son amour augmenté par les difficultez. Il consulte dans sa teste, agite, raisonne, balance,
prend sa résolution : le voilà marié avec elle depuis
trois jours.

SCAPIN

J'entens.

SILVESTRE

Maintenant mets avec cela le retour impréveu du
Père, qu'on n'attendoit que dans deux mois ; la décou-
verte que l'Oncle a faite du secret de nostre Mariage,
et l'autre Mariage qu'on veut faire de luy avec la Fille
que le Seigneur Géronte a eue d'une seconde Femme,
qu'on dit qu'il a épousée à Tarente.

OCTAVE

Et, par-dessus tout cela, mets encore l'indigence où
se trouve cette aimable Personne, et l'impuissance où
je me voy d'avoir dequoy la secourir.

SCAPIN

Est-ce là tout ? Vous voilà bien embarassés tous
deux pour une bagatelle. C'est bien là dequoy se tant

allarmer. — N'as-tu point de honte, toy, de demeurer court à si peu de chose ? Que diable, te voilà grand et gros comme Père et Mère, et tu ne sçaurois trouver dans ta teste, forger dans ton esprit quelque ruse galante, quelque honneste petit stratagême, pour ajuster vos affaires ? Fy! Peste soit du Butor! Je voudrois bien que l'on m'eust donné autrefois nos Vieillards à duper ; je les aurois jouez tous deux par dessous la jambe; et je n'estois pas plus grand que cela, que je me signalois déjà par cent tours d'adresse jolis.

SILVESTRE

J'avoüe que le Ciel ne m'a pas donné tes talens, et que je n'ay pas l'esprit, comme toy, de me broüiller avec la Justice.

OCTAVE

Voicy mon aimable Hiacinte.

SCÈNE III

HIACINTE, OCTAVE, SCAPIN, SILVESTRE

HIACINTE

Ah! Octave, est-il vray ce que Silvestre vient de dire à Nérine ? Que vostre Père est de retour, et qu'il veut vous marier !

XXVIII.   3

OCTAVE

Oüy, belle Hiacinte, et ces nouvelles m'ont donné
une atteinte cruelle. Mais que voy-je.? Vous pleurez !
Pourquoy ces larmes ? Me soupçonnez-vous, dites-
moy, de quelque infidélité, et n'estes-vous pas assurée
de l'amour que j'ay pour vous ?

HIACINTE

Oüy, Octave, je suis sûre que vous m'aimez; mais
je ne le suis pas que vous m'aimiez toûjours.

OCTAVE

Eh! peut-on vous aimer qu'on ne vous aime toute
sa vie ?

HIACINTE

J'ai oüy dire, Octave, que vostre Sexe aime moins
long-temps que le nostre, et que les ardeurs que les
Hommes font voir sont des feux qui s'éteignent aussi
facilement qu'ils naissent.

OCTAVE

Ah! ma chère Hiacinte, mon cœur n'est donc pas
fait comme celuy des autres Hommes, et je sens bien,
pour moy, que je vous aimeray jusqu'au tombeau.

HIACINTE

Je veux croire que vous sentez ce que vous dites,
et je ne doute point que vos paroles ne soient sincères,

mais je crains un pouvoir qui combatra dans vostre cœur les tendres sentimens que vous pouvez avoir pour moy. Vous dépendez d'un Père qui veut vous marier à une autre Personne; et je suis. sûre que je mourray si ce malheur m'arrive.

OCTAVE

Non, belle Hiacinte, il n'y a point de Père qui puisse me contraindre à vous manquer de foy, et je me ré-soudray à quitter mon Païs, et le jour mesme, s'il est besoin, plûtost qu'à vous quitter. J'ay déjà pris, sans l'avoir veue, une aversion effroyable pour celle que l'on me destine; et, sans estre cruel, je souhaiterois que la Mer l'écartast d'icy pour jamais. Ne pleurez donc point, je vous prie, mon aimable Hiacinte, car vos larmes me tüent, et je ne les puis voir sans me sentir percer le cœur.

HIACINTE

Puis que vous le voulez, je veux bien essuyer mes pleurs, et j'attendray d'un œil constant ce qu'il plaira au Ciel de résoudre de moy.

OCTAVE

Le Ciel nous sera favorable.

HIACINTE

Il ne sçauroit m'estre contraire, si vous m'estes fidelle.

OCTAVE

Je le seray assurément.

HIACINTE

Je seray donc heureuse.

SCAPIN

Elle n'est point tant sotte, ma foy, et je la trouve assez passable!

OCTAVE

Voicy un Homme qui pourroit bien, s'il le vouloit, nous estre, dans tous nos besoins, d'un secours merveilleux.

SCAPIN

J'ay fait de grands sermens de ne me mesler plus du Monde; mais, si vous m'en priez bien fort tous deux, peut-estre...

OCTAVE

Ah, s'il ne tient qu'à te prier bien fort pour obtenir ton aide, je te conjure de tout mon cœur de prendre la conduite de nostre barque.

SCAPIN

Et, vous, ne me dites-vous rien?

HIACINTE

Je vous conjure, à son exemple, par tout ce qui vous

est le plus cher au Monde, de vouloir servir nostre
amour.

SCAPIN

Il faut se laisser vaincre, et avoir de‚l'humanité.
Allez, je veux m'employer pour vous.

OCTAVE

Croy que...

SCAPIN

Chut. — Allez-vous-en, vous, et soyez en repos. —
Et vous, préparez-vous à soutenir avec fermeté l'abord
de vostre Père.

OCTAVE

Je t'avoüe que cet abord me fait trembler par avance,
et j'ay une timidité naturelle que je ne sçaurois vaincre.

SCAPIN

Il faut pourtant paroistre ferme au premier choc, de
peur que, sur vostre foiblesse, il ne prenne le pied de
vous mener comme un Enfant. Là, tâchez de vous
composer par étude. Un peu de hardiesse, et songez
à répondre résolument sur tout ce qu'il pourra vous
dire.

OCTAVE

Je feray du mieux que je pourray.

SCAPIN

Ça, essayons un peu, pour vous accoûtumer! Répé-

tons un peu vostre rôle, et voyons si vous ferez bien!
Allons! La mine résolue, la teste haute, les regards
assurez!

OCTAVE

Comme cela?

SCAPIN

Encore un peu davantage!

OCTAVE

Ainsy?

SCAPIN

Bon! Imaginez-vous que je suis vostre Père qui
arrive, et répondez-moy fermement comme si c'estoit
à luy-mesme — *Comment! Pendard, Vaurien, Infame,
Fils indigne d'un Père comme moy, oses-tu bien paroistre
devant mes yeux après tes bons déportemens, après le lâche tour
que tu m'as joué pendant mon absence? Est-ce là le fruit de mes
soins, Maraut, est-ce là le fruit de mes soins? le respect qui
m'est deu? le respect que tu me conserves? — Allons donc! —
Tu as l'insolence, Fripon, de t'engager sans le consentement
de ton Père; de contracter un Mariage clandestin? Répons-
moy, Coquin, répons-moy! Voyons un peu tes belles raisons.*
— Oh, que diable, vous demeurez interdit!

OCTAVE

C'est que je m'imagine que c'est mon Père que
j'entens.

SCAPIN

Eh, oüy. C'est par cette raison qu'il ne faut pas estre comme un Innocent.

OCTAVE

Je m'en vay prendre plus de résolution, et je répondray fermement.

SCAPIN

Assurément ?

OCTAVE

Assurément.

SILVESTRE

Voilà vostre Père qui vient.

OCTAVE

O Ciel, je suis perdu !

SCAPIN

Holà ! Octave ! demeurez ! Octave. — Le voilà enfuy. Quelle pauvre espèce d'Homme ! — Ne laissons pas d'attendre le Vieillard.

SILVESTRE

Que luy diray-je ?

SCAPIN

Laisse-moy dire, moy, et ne fais que me suivre.

SCÈNE IV

ARGANTE, SCAPIN, SILVESTRE

ARGANTE

A-t-on jamais oüy parler d'une action pareille à celle-là ?

SCAPIN

— Il a déjà apris l'affaire, et elle luy tient si fort en tête que, tout seul, il en parle haut.

ARGANTE

Voilà une témérité bien grande.

SCAPIN

— Ecoutons-le un peu.

ARGANTE

Je voudrois bien sçavoir ce qu'ils me pourront dire sur ce beau Mariage.

SCAPIN

— Nous y avons songé.

ARGANTE

Tâcheront-ils de me nier la chose ?...

SCAPIN

— Non, nous n'y pensons pas.

ARGANTE

Ou s'ils entreprendront de l'excuser ?

SCAPIN

— Celuy-là se pourra faire.

ARGANTE

Prétendront-ils m'amuser par des contes en l'air ?

SCAPIN

— Peut-estre.

ARGANTE

Tous leurs discours seront inutiles.

SCAPIN

— Nous allons voir.

ARGANTE

Ils ne m'en donneront point à garder.

SCAPIN

— Ne jurons de rien.

ARGANTE

Je sçauray mettre mon pendard de Fils en lieu de sûreté.

SCAPIN

— Nous y pourvoirons.

ARGANTE

Et, pour le Coquin de Silvestre, je le roüeray de coups.

XXVIII.   4

SILVESTRE

— J'estois bien étonné s'il m'oublioit.

ARGANTE

Ah! ah! vous voilà donc, sage Gouverneur de Famille, beau Directeur de jeunes Gens!

SCAPIN

Monsieur, je suis ravy de vous voir de retour.

ARGANTE

Bon jour, Scapin. — Vous avez suivy mes ordres, vrayment, d'une belle manière, et mon Fils s'est comporté fort sagement pendant mon absence !

SCAPIN

Vous vous portez bien, à ce que je voy ?

ARGANTE

Assez bien. — (*A Silvestre.*) Tu ne dis mot, Coquin, tu ne dis mot ?

SCAPIN

Vostre voyage a-t-il esté bon ?

ARGANTE

Mon Dieu, fort bon! Laisse-moy un peu quereller en repos.

SCAPIN

Vous voulez quereller ?

ARGANTE

Oüy, je veux quereller.

SCAPIN

Et qui, Monsieur ?

ARGANTE

Ce Maraut-là.

SCAPIN

Pourquoy ?

ARGANTE

Tu n'as pas oüy parler de ce qui s'est passé dans mon absence ?

SCAPIN

J'ai bien oüy parler de quelque petite chose.

ARGANTE

Comment, quelque petite chose ? Une action de cette nature ?

SCAPIN

Vous avez quelque raison.

ARGANTE

Une hardiesse pareille à celle-là ?

SCAPIN

Cela est vray.

ARGANTE

Un Fils qui se marie sans le consentement de son Père ?

SCAPIN

Oüy, il y a quelque chose à dire à cela. Mais je serois d'avis que vous ne fissiez point de bruit.

ARGANTE

Je ne suis pas de cet avis, moy, et je veux faire du bruit tout mon soû. Quoy, tu ne trouves pas que j'aye tous les sujets du monde d'estre en colère?

SCAPIN

Si fait. J'y ay d'abord esté, moy, lors que j'ay sçeu la chose, et je me suis intéressé pour vous jusqu'à quereller vostre Fils. Demandez-luy un peu quelles belles réprimandes je luy ay faites, et comme je l'ay chapitré sur le peu de respect qu'il gardoit à un Père dont il devoit baiser les pas. On ne peut pas luy mieux parler, quand ce seroit vous-mesme. Mais quoy! je me suis rendu à la raison, et j'ai considéré que, dans le fond, il n'a pas tant de tort qu'on pourroit croire.

ARGANTE

Que me viens-tu conter? Il n'a pas tant de tort de s'aller marier de but en blanc avec une Inconnuë?

SCAPIN

Que voulez-vous? Il y a esté poussé par sa Destinée.

ARGANTE

Ah! ah! voicy une raison la plus belle du Monde!

On n'a plus qu'à commettre tous les crimes imaginables, tromper, voler, assassiner, et dire pour excuse qu'on y a esté poussé par sa Destinée.

SCAPIN

Mon Dieu, vous prenez mes paroles trop en Philosophe ! Je veux dire qu'il s'est trouvé fatalement engagé dans cette affaire.

ARGANTE

Et pourquoy s'y engageoit-il ?

SCAPIN

Voulez-vous qu'il soit aussi sage que vous ? Les jeunes Gens sont jeunes, et n'ont pas toute la prudence qu'il leur faudroit pour ne rien faire que de raisonnable ; témoin nostre Léandre, qui, malgré toutes mes leçons, malgré toutes mes remontrances, est allé faire de son costé pis encore que vostre fils. Je voudrois bien sçavoir si vous-mesme n'avez pas esté jeune, et n'avez pas, dans vostre temps, fait des fredaines comme les autres. J'ai oüy dire, moi, que vous avez esté autrefois un Compagnon parmi les Femmes ; que vous faisiez de vostre drôle avec les plus galantes de ce temps-là ; et que vous n'en aprochiez point que vous ne poussassiez à bout.

ARGANTE

Cela est vray, j'en demeure d'accord ; mais je m'en

suis toûjours tenu à la galanterie, et je n'ai point esté
jusqu'à faire ce qu'il a fait.

SCAPIN

Que vouliez-vous qu'il fît? Il voit une jeune Personne qui luy veut du bien, car il tient cela de vous,
d'être aimé de toutes les Femmes. Il la trouve charmante. Il luy rend des visites ; luy conte des douceurs ;
soûpire galamment ; fait le passionné. Elle se rend à sa
poursuite. Il pousse sa fortune. Le voilà surpris avec
elle par ses Parens, qui, la force à la main, le con-
traignent de l'épouser.

SILVESTRE

— L'habile Fourbe que voilà ! —

SCAPIN

Eussiez-vous voulu qu'il se fust laissé tuer? Il vaut
mieux encor estre marié qu'estre mort.

ARGANTE

On ne m'a pas dit que l'affaire se soit ainsi passée.

SCAPIN

Demandez-luy plûtost. Il ne vous dira pas le contraire.

ARGANTE

C'est par force qu'il a été marié ?

SILVESTRE

Oüy, Monsieur.

SCAPIN

Voudrois-je vous mentir ?

ARGANTE

Il devoit donc aller tout aussitost protester de violence chez un Notaire.

SCAPIN

C'est ce qu'il n'a pas voulu faire.

ARGANTE

Cela m'auroit donné plus de facilité à rompre ce
Mariage.

SCAPIN

Rompre ce Mariage ?

ARGANTE

Oüy.

SCAPIN

Vous ne le romprez point.

ARGANTE

Je ne le rompray point ?

SCAPIN

Non.

ARGANTE

Quoy ! je n'auray pas pour moy les droicts de

Père, et la raison de la violence qu'on a faite à mon
Fils ?

SCAPIN

C'est une chose dont il ne demeurera pas d'accord.

ARGANTE

Il n'en demeurera pas d'accord ?

SCAPIN

Non.

ARGANTE

Mon Fils ?

SCAPIN

Vostre fils. Voulez-vous qu'il confesse qu'il ait esté
capable de crainte, et que ce soit par force qu'on luy
ait fait faire les choses ? Il n'a garde d'aller avoüer
cela. Ce seroit se faire tort, et se montrer indigne d'un
Père comme vous.

ARGANTE

Je me moque de cela.

SCAPIN

Il faut, pour son honneur et pour le vostre, qu'il
dise dans le Monde que c'est de bon gré qu'il l'a
épousée.

ARGANTE

Et je veux, moy, pour mon honneur et pour le sien,
qu'il dise le contraire.

SCAPIN

Non, je suis seur qu'il ne le fera pas.

ARGANTE

Je l'y forceray bien.

SCAPIN

Il ne le fera pas, vous dy-je.

ARGANTE

Il le fera, ou je le des-hériteray.

SCAPIN

Vous ?

ARGANTE

Moy.

SCAPIN

Bon.

ARGANTE

Comment, bon ?

SCAPIN

Vous ne le des-hériterez point.

ARGANTE

Je ne le des-hériteray point ?

SCAPIN

Non.

ARGANTE

Non ?

XXVIII.

SCAPIN

Non.

ARGANTE

Hoy! Voicy qui est plaisant! — Je ne des-hérite-ray point mon Fils?

SCAPIN

Non, vous dy-je.

ARGANTE

Qui m'en empeschera?

SCAPIN

Vous-mesme!

ARGANTE

Moy?

SCAPIN

Oüy. Vous n'aurez pas ce cœur-là.

ARGANTE

Je l'auray.

SCAPIN

Vous vous moquez.

ARGANTE

Je ne me moque point.

SCAPIN

La tendresse Paternelle fera son office.

ARGANTE

Elle ne fera rien.

SCAPIN

Oüy, oüy.

ARGANTE

Je vous dy que cela sera.

SCAPIN

Bagatelles !

ARGANTE

Il ne faut point dire : Bagatelles.

SCAPIN

Mon Dieu, je vous connois ; vous estes bon naturellement!

ARGANTE

Je ne suis point bon, et je suis méchant quand je veux. Finissons ce discours qui m'échaufe la bile. — Va-t'en, Pendard, va-t'en me chercher mon Fripon, tandis que j'iray rejoindre le Seigneur Géronte, pour lui conter ma disgrâce.

SCAPIN

Monsieur, si je vous puis estre utile en quelque chose, vous n'avez qu'à me commander.

ARGANTE

Je vous remercie. — Ah, pourquoy faut-il qu'il soit

Fils unique! Et que n'ay-je à cette heure la Fille que
le Ciel m'a ostée, pour la faire mon Héritière!

SCÈNE V

SCAPIN, SILVESTRE

SILVESTRE

J'avouë que tu es un grand Homme, et voilà l'affaire en bon train; mais l'argent, d'autre part, nous
presse pour notre subsistance; et nous avons, de tous
costez, des Gens qui aboyent après nous.

SCAPIN

Laisse-moy faire. La machine est trouvée. Je cherche
seulement dans ma teste un Homme qui nous soit
affidé, pour joüer un Personnage dont j'ay besoin.
— Atten. Tien-toy un peu. Enfonce ton bonnet en
méchant Garçon. Campe-toy sur un pié. Mets la
main au costé. Fais les yeux furibons. Marche un peu
en Roy de Théâtre. — Voilà qui est bien. Suy-moi.
J'ay des secrets pour déguiser ton visage et ta voix.

SILVESTRE

Je te conjure, au moins, de ne m'aller point broüiller
avec la Justice.

SCAPIN

Va, va; nous partagerons les périls en Frères ; et
trois ans de Galères de plus ou de moins ne sont pas
pour arrester un noble Cœur.

ARGANTE
Je ne la des bérileray point?

SILVESTRE
Par la mort, Par la teste, Par le ventre,
si je le trouue, je le veux échiner

ACTE II

SCENE PREMIÈRE

GERONTE, ARGANTE

GERONTE

GERONTE
Doucement
Parlons un peu d'affaire

UY, sans doute, par le temps qu'il fait, nous aurons ici nos Gens aujourd'huy; et un Matelot qui vient de Tarente m'a assuré qu'il avait veu mon Homme qui estoit près de s'embarquer. Mais l'arrivée de ma Fille trouvera les choses mal disposées à ce que nous nous proposions, et ce que vous venez de m'apprendre de vostre Fils

SILVESTRE
Par la mort...Par la teste, Par les vostre,
si j'y le trouve, je te voux déhine,

ACTE II

SCÈNE PREMIÈRE

GERONTE, ARGANTE

GERONTE

GERONTE
Partons un peu d'affaire

UY, sans doute, par le temps
qu'il fait, nous aurons ici
nos Gens aujourd'huy; et un
Matelot qui vient de Tarente
m'a assuré qu'il avait veu
mon Homme qui estoit près
de s'embarquer. Mais l'arrivée de ma Fille trouvera les
choses mal disposées à ce que nous nous proposions,
et ce que vous venez de m'apprendre de vostre Fils

romp étrangement les mesures que nous avions prises ensemble.

ARGANTE

Ne vous mettez pas en peine. Je vous répons de renverser tout cet obstacle, et j'y vay travailler de ce pas.

GERONTE

Ma foy, Seigneur Argante, voulez-vous que je vous dise ? L'éducation des Enfans est une chose à quoy il faut s'attacher fortement.

ARGANTE

Sans doute. A quel propos cela ?

GERONTE

A propos de ce que les mauvais déportemens des jeunes Gens viennent le plus souvent de la mauvaise éducation que leurs Pères leur donnent.

ARGANTE

Cela arrive parfois. Mais que voulez-vous dire par là ?

GERONTE

Ce que je veux dire par là ?

ARGANTE

Oüy.

GERONTE

Que, si vous aviez, en brave Père, bien morigéné

vostre Fils, il ne vous auroit pas joüé le tour qu'il
vous a fait.

ARGANTE

Fort bien. De sorte donc que vous avez bien mieux
moriginé le vostre ?

GERONTE

Sans doute, et je serois bien fâché qu'il m'eust rien
fait aprochant de cela.

ARGANTE

Et si ce Fils, que vous avez, en brave Père, si bien
moriginé, avoit fait pis encore que le mien ? Eh ?

GERONTE

Comment ?

ARGANTE

Comment ?

GERONTE

Qu'est-ce que cela veut dire ?

ARGANTE

Cela veut dire, Seigneur Geronte, qu'il ne faut pas
estre si prompt à condamner la conduite des autres,
et que ceux qui veulent gloser doivent bien regarder
chez eux s'il n'y a rien qui cloche.

GERONTE

Je n'entens point cette Enigme.

XXVIII.   6

ARGANTE

On vous l'expliquera.

GERONTE

Est-ce que vous auriez oüy dire quelque chose de mon Fils ?

ARGANTE

Cela se peut faire.

GERONTE

Et quoy encore ?

ARGANTE

Vostre Scapin, dans mon dépit, ne m'a dit la chose qu'en gros, et vous pourrez de luy, ou de quel-qu'autre, estre instruit du détail. Pour moy, je vais viste consulter un Avocat, et aviser des biais que j'ay à prendre. Jusqu'au revoir.

SCÈNE II

LEANDRE, GERONTE

GERONTE

Que pourroit-ce estre que cette affaire-cy ? Pis encore que le sien ! Pour moy, je ne voy pas ce que l'on peut faire de pis, et je trouve que se marier sans le consentement de son Père est une action qui passe tout ce qu'on peut s'imaginer. — Ah, vous voilà !

LEANDRE *en courant à luy pour l'embrasser.*

Ah ! mon Père, que j'ay de joye de vous voir de retour !

GERONTE, *refusant de l'embrasser.*

Doucement. Parlons un peu d'affaire.

LEANDRE

Souffrez que je vous embrasse, et que...

GERONTE, *le repoussant encor.*

Doucement, vous dy-je.

LEANDRE

Quoy ! Vous me refusez, mon Père, de vous exprimer mon transport par mes embrassemens ?

GERONTE

Oüy. Nous avons quelque chose à démesler ensemble.

LEANDRE

Et quoy ?

GERONTE

Tenez-vous, que je vous voye en face.

LEANDRE

Comment ?

GERONTE

Regardez-moy entre deux yeux.

LEANDRE

Hé bien ?

GERONTE

Qu'est-ce donc qu'il s'est passé icy ?

LEANDRE

Ce qui s'est passé ?

GERONTE

Oüy. Qu'avez-vous fait dans mon absence ?

LEANDRE

Que voulez-vous, mon Père, que j'aye fait ?

GERONTE

Ce n'est pas moy qui veut que vous ayez fait, mais qui demande ce que c'est que vous avez fait ?

LEANDRE

Moy, je n'ay fait aucune chose dont vous ayez lieu de vous plaindre !

GERONTE

Aucune chose ?

LEANDRE

Non.

GERONTE

Vous estes bien résolu.

LEANDRE

C'est que je suis seur de mon innocence.

GERONTE

Scapin pourtant a dit de vos nouvelles.

LEANDRE

Scapin.!

GERONTE

Ah, ah, ce mot vous fait rougir !

LEANDRE

Il vous a dit quelque chose de moy ?

GERONTE

Ce lieu n'est pas tout-à-fait propre à vuider cette
affaire, et nous allons l'examiner ailleurs. Qu'on se
rende au Logis. J'y vais revenir tout-à-l'heure. — Ah,
traistre, s'il faut que tu me des-honores, je te renonce
pour mon Fils, et tu peux bien, pour jamais, te résoudre
à fuir de ma présence.

SCÈNE III

OCTAVE, SCAPIN, LEANDRE

LEANDRE

Me trahir de cette manière ! Un Coquin, qui doit
par cent raisons estre le premier à cacher les choses

que je luy confie, est le premier à les aller découvrir
à mon Père. Ah, je jure le Ciel que cette trahison ne
demeurera pas impunie !

OCTAVE

Mon cher Scapin, que ne dois-je point à tes soins !
Que tu es un Homme admirable, et que le Ciel m'est
favorable de t'envoyer à mon secours !

LEANDRE

Ah ! ah ! vous voilà ! Je suis ravy de vous trouver,
Monsieur le Coquin.

SCAPIN

Monsieur, vostre serviteur. C'est trop d'honneur
que vous me faites.

LEANDRE *en mettant l'épée à la main.*

Vous faites le méchant Plaisant. Ah, je vous appren-
dray !...

SCAPIN *se mettant à genoux.*

Monsieur...

OCTAVE *se mettant entre deux, pour empescher Leandre de le fraper.*

Ah, Léandre !

LEANDRE

Non, Octave, ne me retenez point; je vous prie.

SCAPIN

Eh ! Monsieur...

OCTAVE *le retenant.*

De grâce...

LEANDRE *voulant fraper Scapin.*

Laissez-moy contenter mon ressentiment.

OCTAVE

Au nom de l'amitié, Leandre, ne le maltraittez point.

SCAPIN

Monsieur, que vous ay-je fait ?

LEANDRE, *voulant le fraper.*

Ce que tu m'as fait, traistre ?

OCTAVE, *le retenant.*

Eh ! doucement !

LEANDRE

Non, Octave, je veux qu'il me confesse luy-mesme tout-à-l'heure la perfidie qu'il m'a faite. Oüy, Coquin, je sçay le trait que tu m'as joüé ; on vient de me l'aprendre, et tu ne croyois pas peut-estre que l'on me dût révéler ce secret ; mais je veux en avoir la confession de ta propre bouche, ou je vay te passer cette épée au-travers du corps.

SCAPIN

Ah, Monsieur, auriez-vous bien ce cœur-là ?

LEANDRE

Parle donc !

SCAPIN

Je vous ay fait quelque chose, Monsieur ?

LEANDRE

Oüy, Coquin, et ta conscience ne te dit que trop ce
que c'est.

SCAPIN

Je vous assure que je l'ignore.

LEANDRE, *s'avançant pour le fraper.*

Tu l'ignores !

OCTAVE, *le retenant.*

Léandre...

SCAPIN

Hé bien, Monsieur, puis que vous le voulez, je vous
confesse que j'ay beu avec mes Amis ce petit Quarteau
de Vin d'Espagne dont on vous fit présent il y a quelques jours, et que c'est moy qui fis une fente au Ton-
neau, et répandis de l'eau autour, pour faire croire que
le Vin s'estoit échapé.

LEANDRE

C'est toy, Pendard, qui m'as beu mon vin d'Espagne,

et qui as esté cause que j'ay tant querellé la Servante, croyant que c'estoit elle qui m'avoit fait le tour ?

SCAPIN

Oüy, Monsieur. Je vous en demande pardon.

LEANDRE

Je suis bien aise d'aprendre cela; mais ce n'est pas l'affaire dont il est question maintenant.

SCAPIN

Ce n'est pas cela, Monsieur ?

LEANDRE

Non. C'est une autre affaire qui me touche bien plus, et je veux que tu me la dises.

SCAPIN

Monsieur, je ne me souviens pas d'avoir fait autre chose.

LEANDRE, *le voulant fraper.*

Tu ne veux pas parler ?

SCAPIN

Eh!

OCTAVE, *le retenant.*

Tout doux!

SCAPIN

Oüy, Monsieur, il est vray qu'il y a trois semaines

XXVIII.	7

que vous m'envoyastes porter, le soir, une petite
Montre à la jeune Egyptienne que vous aimez, je re-
vins au logis mes habits tout couverts de boüe, et le
visage plein de sang, et vous dis que j'avois trouvé
des Voleurs qui m'avoient bien battu, et m'avoient
dérobé la Montre. C'estoit moy, Monsieur, qui l'avois
retenuë.

LEANDRE

C'est toy qui as retenu ma Montre ?

SCAPIN

Oüy, Monsieur, afin de voir quelle heure il est.

LEANDRE

Ah, ah, j'aprens icy de jolies choses, et j'ay un Serviteur fort fidelle vrayment ! Mais ce n'est pas encore
cela que je demande.

SCAPIN

Ce n'est pas cela ?

LEANDRE

Non, Infame ; c'est autre chose encore que je veux
que tu me confesses.

SCAPIN

Peste !

LEANDRE

Parle viste, j'ay haste.

SCAPIN

Monsieur, voilà tout ce que j'ay fait.

LEANDRE, *voulant fraper Scapin.*

Voilà tout?

OCTAVE, *se mettant au-devant.*

Eh!

SCAPIN

Hé bien, oüy, Monsieur. Vous vous souvenez de ce
Loup-garou, il y a six mois, qui vous donna tant de
coups de baston la nuit, et vous pensa faire rompre le
cou dans une Cave, où vous tombâtes, en fuyant.

LEANDRE

Hé bien ?

SCAPIN

C'estoit moi, Monsieur, qui faisois le Loup-garou.

LEANDRE

C'estoit toy, traistre, qui faisois le Loup-garou ?

SCAPIN

Oüy, Monsieur, seulement pour vous faire peur, et
vous oster l'envie de nous faire courir toutes les nuits,
comme vous aviez de coûtume.

LEANDRE

Je sçauray me souvenir, en temps et lieu, de tout

ce que je viens d'aprendre. Mais je veux venir au fait,
et que tu me confesses ce que tu as dit à mon Père?

SCAPIN

A vostre Père?

LEANDRE

Oüy, Fripon, à mon Père.

SCAPIN

Je ne l'ay pas seulement veu depuis son retour.

LEANDRE

Tu ne l'as pas veu?

SCAPIN

Non, Monsieur.

LEANDRE

Assurément?

SCAPIN

Assurément. C'est une chose que je vay vous faire
dire par luy-mesme.

LEANDRE

C'est de sa bouche que je le tiens pourtant.

SCAPIN

Avec vostre permission, il n'a pas dit la vérité.

SCÈNE IV

CARLE, SCAPIN, LEANDRE, OCTAVE

CARLE

Monsieur, je vous aporte une nouvelle qui est fâcheuse pour vostre amour.

LEANDRE

Comment ?

CARLE

Vos Egyptiens sont sur le poinct de vous enlever Zerbinette ; et elle-mesme, les larmes aux yeux, m'a chargé de venir promptement vous dire que, si dans deux heures vous ne songez à leur porter l'argent qu'ils vous ont demandé pour elle, vous l'allez perdre pour jamais.

LEANDRE

Dans deux heures ?

CARLE

Dans deux heures.

LEANDRE

Ah, mon pauvre Scapin, j'implore ton secours !

SCAPIN, *passant devant luy avec un air fier.*

Ah, mon pauvre Scapin ! Je suis *mon pauvre Scapin* à cette heure qu'on a besoin de moy.

LEANDRE

Va, je te pardonne tout ce que tu viens de me dire, et pis encore, si tu me l'as fait.

SCAPIN

Non, non, ne me pardonnez rien. Passez-moy vostre épée au travers du corps. Je seray ravy que vous me tuïez.

LEANDRE

Non. Je te conjure plustost de me donner la vie, en servant mon amour.

SCAPIN

Point, point ; vous ferez mieux de me tuer.

LEANDRE

Tu m'es trop précieux, et je te prie de vouloir employer pour moy ce génie admirable, qui vient à bout de toute chose.

SCAPIN

Non, tuez-moy, vous dy-je.

LEANDRE

Ah ! de grâce, ne songe plus à tout cela, et pense à me donner le secours que je te demande !

OCTAVE

Scapin, il faut faire quelque chose pour luy.

SCAPIN

Le moyen, après une avanie de la sorte ?

LEANDRE

Je te conjure d'oublier mon emportement, et de me prester ton adresse.

OCTAVE

Je joins mes prières aux siennes.

SCAPIN

J'ay cette insulte-là sur le cœur.

OCTAVE

Il faut quitter ton ressentiment.

LEANDRE

Voudrois-tu m'abandonner, Scapin, dans la cruelle extrémité où se voit mon amour ?

SCAPIN

Me venir faire, à l'improviste, un affront comme celui-là...

LEANDRE

J'ay tort, je le confesse.

SCAPIN

Me traitter de Coquin, de Fripon, de Pendard, d'In-fame...

LEANDRE

J'en ay tous les regrets du Monde.

SCAPIN

Me vouloir passer son épée au travers du corps !

LEANDRE

Je t'en demande pardon de tout mon cœur, et, s'il
ne tient qu'à me jetter à tes genoux, tu m'y vois,
Scapin, pour te conjurer encore une fois de ne me
point abandonner.

OCTAVE

Ah, ma foy, Scapin, il faut se rendre à cela.

SCAPIN

Levez-vous. Une autre fois ne soyez point si prompt.

LEANDRE

Me promets-tu de travailler pour moy ?

SCAPIN

On y songera.

LEANDRE

Mais tu sçais que le tems presse.

SCAPIN

Ne vous mettez pas en peine. Combien est-ce qu'il
vous faut ?

LEANDRE

Cinq cens Écus.

SCAPIN

Et à vous?

OCTAVE

Deux cens Pistoles.

SCAPIN

Je veux tirer cet argent de vos Pères. — Pour ce qui est du vostre, la machine est déjà toute trouvée; — et quant au vostre, bien qu'avare au dernier degré, il y faudra moins de façons encore; car vous sçavez que, pour l'esprit, il n'en a pas, grâces à Dieu, grande provision, et je le livre pour une espèce d'homme à qui l'on fera toûjours croire tout ce que l'on voudra. Cela ne vous offence point; il ne tombe entre luy et vous aucun soupçon de ressemblance, et vous sçavez assez l'opinion de tout le monde, qui veut qu'il ne soit vostre Père que pour la forme.

LEANDRE

Tout beau, Scapin!

SCAPIN

Bon, bon; on fait bien scrupule de cela; vous mo-quez-vous? — Mais j'aperçois venir le Père d'Oc-tave. Commençons par luy, puisqu'il se présente. — Allez-vous-en tous deux. — Et, vous, avertissez vostre Silvestre de venir viste joüer son rôle.

XXVIII.   8

SCÈNE V

ARGANTE, SCAPIN

SCAPIN

— Le voilà qui rumine.

ARGANTE

— Avoir si peu de conduite et de considération ! S'aller jetter dans un engagement comme celuy-là ! Ah ! ah ! Jeunesse impertinente !

SCAPIN

Monsieur, vostre serviteur.

ARGANTE

Bon jour, Scapin.

SCAPIN

Vous resvez à l'affaire de vostre Fils ?

ARGANTE

Je t'avoüe que cela me donne un furieux chagrin.

SCAPIN

Monsieur, la vie est meslée de traverses. Il est bon de s'y tenir sans cesse préparé ; et j'ay oüy dire, il y a long-tems, une parole d'un Ancien, que j'ai toujours retenue.

ARGANTE

Quoy ?

SCAPIN

Que, pour peu qu'un Père de Famille ait esté absent
de chez luy, il doit promener son esprit sur tous les
fâcheux accidens que son retour peut rencontrer, se
figurer sa Maison brûlée, son Argent dérobé, sa Femme
morte, son Fils estropié, sa Fille subornée, et, ce qu'il
trouve qu'il ne luy est point arrivé, l'imputer à bonne
fortune. Pour moy, j'ay pratiqué toûjours cette leçon
dans ma petite philosophie, et je ne suis jamais revenu
au Logis que je ne me sois tenu prest à la colère de
mes Maistres, aux réprimandes, aux injures, aux coups
de pied au cul, aux bastonnades, aux étrivières; et ce
qui a manqué à m'arriver, j'en ay rendu grâce à mon
bon destin.

ARGANTE

Voilà qui est bien ; mais ce Mariage impertinent,
qui trouble celuy que nous voulons faire, est une chose
que je ne puis souffrir, et je viens de consulter des
Avocats pour le faire casser.

SCAPIN

Ma foy, Monsieur, si vous m'en croyez, vous tâche-
rez, par quelqu'autre voye, d'accommoder l'affaire.
Vous sçavez ce que c'est que les Procès en ce Païs-cy,
et vous allez vous enfoncer dans d'étranges épines.

ARGANTE

Tu as raison ; je le voy bien. Mais quelle autre
voye ?

SCAPIN

Je pense que j'en ay trouvé une. La compassion que
m'a donnée tantost vostre chagrin, m'a obligé à chercher dans ma teste quelque moyen pour vous tirer
d'inquiétude ; car je ne sçaurois voir d'honnestes Pères
chagrinez par leurs Enfans que cela ne m'émeuve, et
de tout tems je me suis senty pour vostre Personne
une inclination particulière.

ARGANTE

Je te suis obligé.

SCAPIN

J'ay donc été trouver le Frère de cette Fille qui a
esté épousée. C'est un de ces Braves de profession, de
ces gens qui sont tous coups d'épée, qui ne parlent
que d'échiner, et ne font non plus de conscience de
tuer un Homme que d'avaler un Verre de Vin. Je l'ay
mis sur ce Mariage, luy ay fait voir quelle facilité
offroit la raison de la violence pour le faire casser,
vos prérogatives du nom de Père, et l'apuy que vous
donneroient, auprès de la Justice, et vostre droit, et
vostre argent, et vos Amis. Enfin, je l'ay tant tourné
de tous les costez qu'il a presté l'oreille aux proposi-

tions que je luy ay faites d'adjuster l'affaire pour quelque somme, et il donnera son consentement à rompre
le Mariage, pourveu que vous lui donniez de l'argent.

ARGANTE

Et qu'a-t-il demandé ?

SCAPIN

Oh! d'abord, des choses par-dessus les Maisons !

ARGANTE

Et quoy ?

SCAPIN

Des choses extravagantes.

ARGANTE

Mais encore ?

SCAPIN

Il ne parloit pas moins que de cinq ou six cens Pistoles.

ARGANTE

Cinq ou six cens fièvres quartaines qui le puissent
serrer! Se moque-t-il des Gens ?

SCAPIN

C'est ce que je luy ay dit. J'ay rejetté bien loin de
pareilles propositions, et je luy ay bien fait entendre
que vous n'estiez point une dupe, pour vous demander
des cinq ou six cens Pistoles. Enfin, après plusieurs

discours, voicy où s'est réduit le résultat de nostre conférence. *Nous voilà au tems, m'a-t-il dit, que je dois partir pour l'Armée. Je suis après à m'équiper, et le besoin que j'ay de quelque argent me fait consentir, malgré moy, à ce qu'on me propose. Il me faut un Cheval de service, et je n'en sçaurois avoir un qui soit tant soit peu raisonnable, à moins de soixante Pistoles.*

ARGANTE

Hé bien, pour soixante Pistoles, je les donne.

SCAPIN

Il faudra le Harnois, et les Pistolets, et cela ira bien à vingt Pistoles encore.

ARGANTE

Vingt Pistoles, et soixante, ce seroit quatre-vingts.

SCAPIN

Justement.

ARGANTE

C'est beaucoup, mais soit; je consens à cela.

SCAPIN

Il luy faut aussi un Cheval pour monter son Valet, qui coustera bien trente Pistoles.

ARGANTE

Comment diantre ? Qu'il se promène; il n'aura rien du tout.

SCAPIN

Monsieur...

ARGANTE

Non. C'est un Impertinent.

SCAPIN

Voulez-vous que son Valet aille à pié ?

ARGANTE

Qu'il aille comme il luy plaira, et le Maistre aussy.

SCAPIN

Mon Dieu, Monsieur, ne vous arrestez point à peu de chose. N'allez point plaider, je vous prie, et donnez tout pour vous sauver des mains de la Justice.

ARGANTE

Hé bien, soit. Je me résous à donner encore ces trente Pistoles.

SCAPIN

Il me faut encore, a-t-il dit, *un Mulet pour porter...*

ARGANTE

Oh! qu'il aille au Diable avec son Mulet! C'en est trop, et nous irons devant les Juges.

SCAPIN

De grâce, Monsieur...

ARGANTE

Non, je n'en feray rien.

SCAPIN

Monsieur, un petit Mulet!

ARGANTE

Je ne lui donnerois pas seulement un Asne.

SCAPIN

Considérez...

ARGANTE

Non; j'aime mieux plaider.

SCAPIN

Eh! Monsieur, dequoy parlez-vous là, et à quoy vous résolvez-vous? Jettez les yeux sur les détours de la Justice. Voyez combien d'Appels et de Degrez de Jurisdiction; combien de Procédures embarassantes; combien d'Animaux ravissans, par les griffes desquels il vous faudra passer, Sergens, Procureurs, Avocats, Greffiers, Substituts, Raporteurs, Juges, et leurs Clercs. Il n'y a pas un de tous ces Gens-là qui, pour la moindre chose, ne soit capable de donner un soufflet au meilleur Droict du Monde. Un Sergent baillera de faux Exploits, surquoy vous serez condamné sans que vous le sçachiez. Vostre Procureur s'entendra avec vostre Partie, et vous vendra à beaux deniers comptans.

Vostre Avocat, gagné de mesme, ne se trouvera point
lors qu'on plaidera vostre Cause, ou dira des raisons
qui ne feront que battre la campagne et n'iront point
au fait. Le Greffier délivrera, par contumaɕe, des Sentences et Arrests contre vous. Le Clerc du Raporteur
soustraira des Pièces, ou le Raporteur mesme ne dira
pas ce qu'il a veu. Et quand, par les plus grandes pré-
cautions du Monde, vous aurez paré tout cela, vous
serez ébahy que vos Juges auront esté sollicitez contre
vous, ou par des Gens dévots, ou par des Femmes
qu'ils aimeront. Eh! Monsieur, si vous le pouvez,
sauvez-vous de cet Enfer-là! C'est estre damné dès ce
Monde que d'avoir à plaider, et la seule pensée d'un
Procès seroit capable de me faire fuïr jusqu'aux Indes.

ARGANTE

A combien est-ce qu'il fait monter le Mulet ?

SCAPIN

Monsieur, pour le Mulet, pour son Cheval, et celuy
de son Homme, pour le Harnois et les Pistolets, et
pour payer quelque petite chose qu'il doit à son Hos-
tesse, il demande en tout deux cens Pistoles.

ARGANTE

Deux cens Pistoles !

SCAPIN

Oüy.

ARGANTE, *se promenant en colère le long du Théâtre.*

Allons, allons, nous plaiderons.

SCAPIN

Faites réflexion...

ARGANTE

Je plaideray.

SCAPIN

Ne vous allez point jetter...

ARGANTE

Je veux plaider.

SCAPIN

Mais, pour plaider, il vous faudra de l'argent. Il vous en faudra pour l'Exploit; il vous en faudra pour le Contrôle. Il vous en faudra pour la Procuration, pour la Présentation, Conseils, Productions, et journées du Procureur. Il vous en faudra pour les Consultations et Plaidoyeries des Avocats; pour le droit de retirer le Sac, et pour les Grosses d'Ecritures. Il vous en faudra pour le Raport des Substituts; pour les Epices de Conclusion; pour l'Enregistrement du Greffier, façon d'Apointement, Sentences et Arrests, Contrôles, Signatures, et Expéditions de leurs Clercs; sans parler de tous les Présens qu'il vous faudra faire. Donnez cet argent-là à cet Homme-cy, vous voilà hors d'affaire.

ARGANTE

Comment ! Deux cens Pistoles ?

SCAPIN

Oüy. Vous y gagnerez. J'ay fait un petit calcul, en moy-mesme, de tous les frais de la Justice, et j'ay trouvé qu'en donnant deux cens Pistoles à vostre Homme, vous en aurez de reste, pour le moins, cent cinquante, sans compter les soins, les pas, et les chagrins que vous épargnerez. Quand il n'y auroit à essuyer que les sottises que disent, devant tout le monde, de méchans plaisans d'Avocats, j'aimerois mieux donner trois cens Pistoles que de plaider.

ARGANTE

Je me moque de cela, et je défie les Avocats de rien dire de moy.

SCAPIN

Vous ferez ce qu'il vous plaira ; mais, si j'estois que de vous, je fuyrois les Procès.

ARGANTE

Je ne donneray point deux cens Pistoles.

SCAPIN

Voicy l'homme dont il s'agit.

SCÈNE VI

SILVESTRE, ARGANTE, SCAPIN

SILVESTRE

Scapin, fais-moy un peu connoistre un peu cet Argante qui est Père d'Octave.

SCAPIN

Pourquoy, Monsieur ?

SILVESTRE

Je viens d'aprendre qu'il veut me mettre en Procès,
et faire rompre par Justice le Mariage de ma Sœur.

SCAPIN

Je ne sçay pas s'il a cette pensée ; mais il ne veut
point consentir aux deux cens Pistoles que vous voulez, et il dit que c'est trop.

SILVESTRE

Par la mort, par la teste, par la ventre, si je le
trouve, je le veux échiner, dûssay-je estre roüé tout vif.

Argante pour n'estre point veu, se tient, en tremblant, couvert de Scapin.

SCAPIN

Monsieur, ce Père d'Octave a du cœur, et peut-estre
ne vous craindra-t-il point.

SILVESTRE

Luy ? Luy ? — Par la sang, par la teste, s'il estoit
là, je luy donnerois, toute à l'heure, de l'épée dans le
ventre. — Qui est cet Homme-là ?

SCAPIN

Ce n'est pas luy, Monsieur, ce n'est pas luy.

SILVESTRE

N'est-ce point quelqu'un de ses Amis ?

SCAPIN

Non, Monsieur ; au contraire, c'est son Ennemy
capital.

SILVESTRE

Son Ennemy capital ?

SCAPIN

Oüy.

SILVESTRE

Ah, parbleu, j'en suis ravy. — Vous estes Ennemy,
Monsieur, de ce faquin d'Argante ? Eh ?

SCAPIN

Oüy, oüy, je vous en répons.

SILVESTRE, *luy prend rudement la main.*

Touchez-là. Touchez. Je vous donne ma parole, et
vous jure sur mon honneur, par l'épée que je porte,

par tous les sermens que je sçaurois faire, qu'avant la fin du jour je vous déferay de ce Maraut fieffé, de ce Faquin d'Argante. Reposez-vous sur moy.

SCAPIN

Monsieur, les violences en ce Païs-cy ne sont guères souffertes.

SILVESTRE

Je me moque de tout, et je n'ay rien à perdre.

SCAPIN

Il se tiendra sur ses gardes assurément ; et il a des Parens, des Amis, et des Domestiques, dont il se fera un secours contre vostre ressentiment.

SILVESTRE

C'est ce que je demande, morbleu, c'est ce que je demande.

Il met l'épée à la main et pousse de tous les costez, comme s'il y avoit plusieurs personnes devant luy.

Ah, teste ! Ah, ventre ! Que ne le trouvay-je à cette heure avec tout son secours ! Que ne paroist-il à mes yeux au milieu de trente Personnes ! Que ne les vois-je fondre sur moy les armes à la main ! Comment, Marauts, vous avez la hardiesse de vous attaquer à moy ! Allons, morbleu, tüe, point de quartier ! Donnons ! Ferme ! Poussons ! Bon pié, bon œil ! Ah ! Coquins, ah ! Canailles, vous en voulez par-là ; je vous

en feray tâter votre soû. Soûtenez, Marauts, soûtenez!
Allons! A cette botte! A cette autre! A celle-cy! A
celle-là! Comment, vous reculez? Pié-ferme, morbleu,
pié-ferme!

SCAPIN

Eh! eh! eh! Monsieur, nous n'en sommes pas.

SILVESTRE

Voilà qui vous aprendra à vous oser joüer à moy.

SCAPIN

Hé bien, vous voyez combien de Personnes tuées
pour deux cens pistoles. Oh! sus, je vous souhaite une
bonne fortune.

ARGANTE, *tout tremblant.*

Scapin...

SCAPIN

Plaist-il?

ARGANTE

Je me résous à donner les deux cens Pistoles.

SCAPIN

J'en suis ravy, pour l'amour de vous.

ARGANTE

Allons le trouver; je les ay sur moy.

SCAPIN

Vous n'avez qu'à me les donner. Il ne faut pas, pour

·vostre honneur, que vous paroissiez là, après avoir passé icy pour autre que ce que vous estes ; et, de plus, je craindrois qu'en vous faisant connoistre, il n'allast s'aviser de vous en demander davantage.

ARGANTE

Oüy, mais j'aurois esté bien aise de voir comme je donne mon argent.

SCAPIN

Est-ce que vous vous défiez de moi ?

ARGANTE

Non pas ;· mais...

SCAPIN

Parbleu, Monsieur, je suis un Fourbe, ou je suis honneste Homme ; c'est l'un des deux. Est-ce que je voudrois vous tromper, et que, dans tout cecy, j'ay d'autre intérest que le vostre, et celuy de mon Maistre, à qui vous voulez vous allier ? Si je vous suis suspect, je ne me mesle plus de rien, et vous n'avez qu'à chercher, dès cette heure, qui accommodera vos affaires.

ARGANTE

Tien donc.

SCAPIN

Non, Monsieur, ne me confiez point vostre argent. Je seray bien aise que vous vous serviez de quelqu'autre.

ARGANTE

Mon Dieu, tien.

SCAPIN

Non, vous dy-je, ne vous fiez point à moy. Que sçait-on si je ne veux point vous attraper vostre argent ?

ARGANTE

Tien, te dy-je, ne me fais point contester davantage ; mais songe à bien prendre tes sûretés avec luy.

SCAPIN

Laissez-moy faire, il n'a pas affaire à un Sot.

ARGANTE

Je vay t'attendre chez moy.

SCAPIN

Je ne manqueray pas d'y aller. — Et un. Je n'ay qu'à chercher l'autre. Ah! ma foy! le voici. Il semble que le Ciel, l'un après l'autre, les amène dans mes filets.

SCÈNE VII

GERONTE, SCAPIN

SCAPIN

— O Ciel! O disgrâce imprévûe! O misérable Père ! Pauvre Géronte, que feras-tu ?

GERONTE

Que dit-il là de moi, avec ce visage affligé ?

SCAPIN

— N'y a-t-il Personne qui puisse me dire où est le Seigneur Géronte ?

GERONTE

Qu'y a-t-il, Scapin ?

SCAPIN

— Où pourray-je le rencontrer pour luy dire cette infortune ?

GERONTE

Qu'est-ce que c'est donc ?

SCAPIN

— En vain je cours de tous costez pour le pouvoir trouver.

GERONTE

Me voicy.

SCAPIN

— Il faut qu'il soit caché en quelque endroit qu'on ne puisse point deviner.

GERONTE

Holà ! Es-tu aveugle, que tu ne me vois pas ?

SCAPIN

Ah ! Monsieur, il n'y a pas moyen de vous rencontrer.

GERONTE

Il y a une heure que je suis devant toy. Qu'est-ce que c'est donc qu'il y a ?

SCAPIN

Monsieur...

GERONTE

Quoy ?

SCAPIN

Monsieur, vostre Fils...

GERONTE

Hé bien, mon Fils...

SCAPIN

Est tombé dans une disgrâce la plus étrange du Monde.

GERONTE

Et quelle ?

SCAPIN

Je l'ay trouvé tantôt tout triste de je ne sçay quoi que vous lui avez dit, où vous m'avez meslé assez mal à-propos, et, cherchant à divertir cette tristesse, nous nous sommes allez promener sur le Port. Là entr'autres plusieurs choses, nous avons arresté nos yeux sur une Galère Turque assez bien équipée. Un jeune Turc, de bonne mine, nous a invitez d'y entrer, et nous a présenté la main. Nous y avons passé. Il nous a fait mille civilitez, nous a donné la Colation, où nous avons mangé des Fruits les plus excellens qui se puissent voir, et beu du vin que nous avons trouvé le meilleur du Monde.

GERONTE

Qu'y a-t-il de si affligeant à tout cela ?

SCAPIN

Attendez, Monsieur, nous y voicy. Pendant que nous mangions, il a fait mettre la Galère en Mer, et, se voyant éloigné du Port, il m'a fait mettre dans un Esquif, et m'envoye vous dire que, si vous ne luy envoyez par moy tout-à-l'heure cinq cens Écus, il va vous emmener vostre Fils en Alger.

GERONTE

Comment diantre, cinq cens Ecus !

SCAPIN

Oüy, Monsieur; et, de plus, il ne m'a donné pour cela que deux heures.

GERONTE

Ah, le pendard de Turc, m'assassiner de la façon!

SCAPIN

C'est à vous, Monsieur, d'aviser promptement aux

moyens de sauver des fers un Fils que vous aimez avec tant de tendresse.

GERONTE

Que diable alloit-il faire dans cette Galère ?

SCAPIN

Il ne songeoit point à ce qui est arrivé.

GERONTE

Va-t-en, Scapin, va-t-en viste dire à ce Turc que je vais envoyer la Justice après luy.

SCAPIN

La Justice en pleine Mer ! Vous moquez-vous des Gens ?

GERONTE

Que diable alloit-il faire dans cette Galère ?

SCAPIN

Une méchante Destinée conduit quelquefois les Personnes.

GERONTE

Il faut, Scapin, il faut que tu fasses icy l'action d'un Serviteur fidelle.

SCAPIN

Quoy, Monsieur ?

GERONTE

Que tu ailles dire à ce Turc qu'il me renvoye mon

Fils, et que tu te mets à sa place, jusqu'à ce que j'aye amassé la somme qu'il demande.

SCAPIN

Eh, Monsieur! songez-vous à ce que vous dites? Et vous figurez-vous que ce Turc ait si peu de sens que d'aller recevoir un misérable comme moy, à la place de vostre Fils?

GERONTE

Que diable alloit-il faire dans cette Galère?

SCAPIN

Il ne devinoit pas ce malheur. Songez, Monsieur, qu'il ne m'a donné que deux heures.

GERONTE

Tu dis qu'il demande...

SCAPIN

Cinq cens Ecus.

GERONTE

Cinq cens Ecus! N'a-t-il point de conscience?

SCAPIN

Vraiment, oüy, de la conscience à un Turc?

GERONTE

Sçait-il bien ce que c'est que cinq cens Ecus!

SCAPIN

Oüy, Monsieur, il sçait que c'est mil cinq cens Livres.

GERONTE

Croit-il, le traistre, que mil cinq cens Livres se trouvent dans le pas d'un Cheval ?

SCAPIN

Ce sont des Gens qui n'entendent point de raison.

GERONTE

Mais que diable alloit-il faire à cette Galère ?

SCAPIN

Il est vray. Mais quoy ? On ne prévoyoit point les choses. De grace, Monsieur, dépeschez.

GERONTE

Tien, voilà la clef de mon Armoire.

SCAPIN

Bon.

GERONTE

Tu l'ouvriras.

SCAPIN

Fort bien.

GERONTE

Tu trouveras une grosse clef du costé gauche, qui est celle de mon Grenier.

SCAPIN

Oüy.

GERONTE

Tu iras prendre toutes les Hardes qui sont dans cette grande Manne, et tu les vendras aux Fripiers, pour aller racheter mon Fils.

SCAPIN, *en luy rendant la clef.*

Eh! Monsieur, resvez-vous ? Je n'aurois pas cent francs de tout ce que vous dites ; et, de plus, vous sçavez le peu de temps qu'on m'a donné.

GERONTE

Mais que diable alloit-il faire à cette Galère ?

SCAPIN

Oh! que de paroles perdues ! Laissez-là cette Galère, et songez que le temps presse, et que vous courez risque de perdre vostre Fils ! Hélas, mon pauvre Maistre, peut-estre que je ne te verray de ma vie ; et qu'à l'heure que je parle, on t'emmène Esclave en Alger ! Mais le Ciel me sera témoin que j'ay fait pour toy tout ce que j'ay pû, et que, si tu manques à estre racheté, il n'en faut accuser que le peu d'amitié d'un Père.....

GERONTE

Attens, Scapin. Je m'en vay quérir cette somme.

SCAPIN

Dépeschez-vous donc viste, Monsieur; je tremble
que l'heure ne sonne.

GERONTE

N'est-ce pas quatre cens Écus que tu dis?

SCAPIN

Non. Cinq cens Écus.

GERONTE

Cinq cens Écus?

SCAPIN

Oüy.

GERONTE

Que diable alloit-il faire à cette Galère?

SCAPIN

Vous avez raison. Mais hastez-vous.

GERONTE

N'y avoit-il point d'autre promenade?

SCAPIN

Cela est vray. Mais faites promptement.

GERONTE

Ah, maudite Galère!

SCAPIN

— Cette Galère luy tient au cœur.
XXVIII.   11

GERONTE

Tien, Scapin, je ne me souvenois pas que je viens justement de recevoir cette somme en or, et je ne croyois pas qu'elle dût m'être si-tost ravie.

Il luy présente sa bourse, qu'il ne laisse pourtant pas aller, et, dans ses transports, il fait aller son bras de costé et d'autre, et Scapin le sien pour avoir la bourse.

Tien. Va-t-en racheter mon Fils.

SCAPIN

Ouy, Monsieur.

GERONTE

Mais dis à ce Turc que c'est un scélérat...

SCAPIN

Oüy.

GERONTE

Un Infâme.....

SCAPIN

Oüy.

GERONTE

Un Homme sans foy, un Voleur.....

SCAPIN

Laissez-moy faire.

GERONTE

Qu'il me tire cinq cens Écus contre toute sorte de droict.....

SCAPIN

Oüy.

GERONTE

Que je ne les luy donne ny à la mort, ny à la vie.....

SCAPIN

Fort bien.

GERONTE

Et que, si jamais je l'attrape, je sçauray me vanger de luy.

SCAPIN

Oüy.

GERONTE *remet la bourse dans sa poche et s'en va.*

Va, va viste requérir mon Fils!

SCAPIN, *allant après luy.*

Holà! Monsieur.

GERONTE

Quoy?

SCAPIN

Où est donc cet argent?

GERONTE

Ne te l'ay-je pas donné?

SCAPIN

Non vrayment. Vous l'avez remis dans vostre poche.

GERONTE

Ah! c'est la douleur qui me trouble l'esprit!

SCAPIN

Je le voy bien.

GERONTE

Que Diable alloit-il faire dans cette Galère ? Ah,
maudite Galère ! Traistre de Turc à tous les Diables !

SCAPIN

— Il ne peut digérer les cinq cens Écus que je lui
arrache ; mais il n'est pas quitte envers moy, et je veux
qu'il me paye en une autre monnoye l'imposture qu'il
m'a faite auprès de son Fils.

SCÈNE VIII

OCTAVE, LEANDRE, SCAPIN

OCTAVE

Hé bien, Scapin, as-tu reüssy pour moy dans ton
entreprise ?

LEANDRE

As-tu fait quelque chose pour tirer mon amour de
la peine où il est ?

SCAPIN

Voilà deux cens Pistoles que j'ay tirées de vostre
Père.

OCTAVE

Ah ! que tu me donnes de joye !

SCAPIN

Pour vous, je n'ay pû faire rien.

LEANDRE *veut s'en aller.*

Il faut donc que j'aille mourir, et je n'ay que faire
de vivre, si Zerbinette m'est ostée.

SCAPIN

Holà! holà! tout doucement. Comme diantre vous
allez viste!

LEANDRE *se retourne.*

Que veux-tu que je devienne?

SCAPIN

Allez, j'ay vostre affaire icy...

LEANDRE *revient.*

Ah! tu me redonnes la vie!

SCAPIN

Mais à condition que vous me permettrez, à moy,
une petite vangeance contre vostre Père, pour le tour
qu'il m'a fait.

LEANDRE

Tout ce que tu voudras.

SCAPIN

Vous me le promettez devant témoin?

LEANDRE

Oüy.

SCAPIN

Tenez ; voilà cinq cens Ecus.

LEANDRE

Allons-en promptement acheter celle que j'adore.

GERONTE
Ah infame! ah traistre!
ah selerat!...

ACTE III

SCENE PREMIÈRE

ZERBINETTE, HIACINTE, SCAPIN, SILVESTRE

SILVESTRE

UY, vos Amans ont arresté entr'eux que vous fussiez ensemble, et nous nous acquitons de l'ordre qu'ils nous ont donné.

SCAPIN
Allez, je vous licitut
refendre.

HIACINTE

Un tel ordre n'a rien qui ne me soit fort agréable. Je reçois avec joye une Compagne de la sorte, et il ne tiendra pas à moy que l'amitié, qui est entre les Personnes que nous aimons, ne se répande entre nous deux.

ZERBINETTE

J'accepte la proposition, et ne suis point personne à reculer, lors qu'on m'attaque d'amitié.

SCAPIN

Et lors que c'est d'amour qu'on vous attaque ?

ZERBINETTE

Pour l'amour, c'est une autre chose; on y court un peu plus de risque, et je n'y suis pas si hardie.

SCAPIN

Vous l'estes, que je croy, contre mon Maistre maintenant; et ce qu'il vient de faire pour vous doit vous donner du cœur pour répondre comme il faut à sa passion.

ZERBINETTE

Je ne me fië encore que de la bonne sorte; et ce n'est pas assez, pour m'assurer entièrement, que ce qu'il vient de faire. J'ay l'humeur enjoüée, et sans cesse je ris; mais, tout en riant, je suis sérieuse sur de certains chapitres, et ton Maistre s'abusera s'il croit qu'il lui suffise de m'avoir achetée pour me voir toute à luy. Il doit luy en couster autre chose que de l'argent; et, pour répondre à son amour de la manière

qu'il souhaite, il me faut un don de sa foy qui soit
assaisonné de certaines cérémonies qu'on trouve nécessaires.

SCAPIN

C'est-là aussi comme il l'entend. Il ne prétend à vous
qu'en tout bien et en tout honneur, et je n'aurois pas
esté Homme à me mesler de cette affaire s'il avoit
une autre pensée.

ZERBINETTE

C'est ce que je veux croire, puisque vous me le
dites ; mais, du costé du Père, j'y prévoy des empes-
chemens.

SCAPIN

Nous trouverons moyen d'accommoder les choses.

HIACINTE

La ressemblance de nos destins doit contribuer
encore à faire naistre nostre amitié, et nous nous
voyons toutes deux dans les mesmes allarmes, toutes
deux exposées à la mesme infortune.

ZERBINETTE

Vous avez cet avantage, au moins, que vous sçavez
de qui vous estes née, et que l'apuy de vos Parens,
que vous pouvez faire connoistre, est capable d'ajuster
tout, peut assurer votre bonheur, et faire donner un
consentement au Mariage qu'on trouve fait. Mais,

XXVIII.   12

pour moy, je ne rencontre aucun secours dans ce que
je puis estre, et l'on me voit dans un état qui n'adou-
cira pas les volontez d'un Père qui ne regarde que le
bien.

HIACINTE

Mais aussi avez-vous cet avantage que l'on ne tente
point, par un autre Party, celuy que vous aimez.

ZERBINETTE

Le changement du cœur d'un Amant n'est pas ce
que l'on peut le plus craindre. On se peut naturellement croire assez de mérite pour garder sa conqueste;
et ce que je vois de plus redoutable dans ces sortes
d'affaires, c'est la puissance Paternelle, auprès de qui
tout le mérite ne sert de rien.

HIACINTE

Hélas! pourquoy faut-il que de justes inclinations
se trouvent traversées! La douce chose que d'aimer,
lorsque l'on ne voit point d'obstacle à ces aimables
chaisnes dont deux cœurs se liënt ensemble!

SCAPIN

Vous vous moquez. La tranquillité, en amour, est
un calme désagréable. Un bonheur tout uny nous devient ennuyeux; il faut du haut et du bas dans la vie;
et les difficultez qui se meslent aux choses réveillent
les ardeurs, augmentent les plaisirs.

ZERBINETTE

Mon Dieu, Scapin, fay-nous un peu ce récit, qu'on m'a dit qui est si plaisant, du stratagême dont tu t'es avisé pour tirer de l'argent de ton Vieillard avare. Tu sçais qu'on ne perd point sa peine, lorsqu'on me fait un conte, et que je le paye assez bien par la joye qu'on m'y voit prendre.

SCAPIN

Voilà Silvestre qui s'en acquitera aussi bien que moy. J'ay dans la teste certaine petite vangeance dont je vay gouster le plaisir.

SILVESTRE

Pourquoy, de gayeté de cœur, veux-tu chercher à t'attirer de méchantes affaires ?

SCAPIN

Je me plais à tenter des entreprises hazardeuses.

SILVESTRE

Je te l'ay déjà dit : tu quitterois le dessein que tu as, si tu m'en voulois croire.

SCAPIN

Oüy ; mais c'est moy que j'en croiray.

SILVESTRE

A quoy diable te vas-tu amuser ?

SCAPIN

Dequoy diable te mets-tu en peine ?

SILVESTRE

C'est que je voy que, sans nécessité, tu vas courir risque de t'attirer une venuë de coups de baston.

SCAPIN

Hé bien, c'est aux despens de mon dos, et non pas du tien!

SILVESTRE

Il est vray que tu es maistre de tes épaules, et tu en disposeras comme il te plaira.

SCAPIN

Ces sortes de périls ne m'ont jamais arresté, et je hais ces cœurs pusillanimes qui, pour trop prévoir les suites des choses, n'osent rien entreprendre.

ZERBINETTE

Nous aurons besoin de tes soins.

SCAPIN

Allez. Je vous iray bien-tost rejoindre. Il ne sera pas dit qu'impunément on m'ait mis en état de me trahir moy-mesme, et de découvrir des secrets qu'il étoit bon qu'on ne sçeût pas.

SCÈNE II

GERONTE, SCAPIN

GERONTE

Hé bien, Scapin, comment va l'affaire de mon Fils ?

SCAPIN

Vostre Fils, Monsieur, est en lieu de sûreté ; mais
vous courrez maintenant, vous, le péril le plus grand
du Monde, et je voudrois, pour beaucoup, que vous
fussiez dans vostre Logis.

GERONTE

Comment donc ?

SCAPIN

A l'heure que je parle, on vous cherche de toutes
parts pour vous tuer.

GERONTE

Moy ?

SCAPIN

Oüy.

GERONTE

Et qui ?

SCAPIN

Le Frère de cette Personne qu'Octave a épousée. Il

croit que le dessein que vous avez de mettre vostre Fille à la place que tient sa Sœur, est ce qui pousse le plus fort à faire rompre leur Mariage, et, dans cette pensée, il a résolu hautement de décharger son désespoir sur vous, et de vous oster la vie pour vanger son honneur. Tous ses Amis, Gens d'épée comme luy, vous cherchent de tous les costez, et demandent de vos nouvelles. J'ay vû mesmes, deçà et delà, des Soldats de sa Compagnie, qui interrogent ceux qu'ils trouvent, et occupent par pelotons toutes les avenuës de vostre Maison. De sorte que vous ne sçauriez aller chez vous ; vous ne sçauriez faire un pas, ny à droit, ny à gauche, que vous ne tombiez dans leurs mains.

GERONTE

Que feray-je, mon pauvre Scapin ?

SCAPIN

Je ne sçay pas, Monsieur, et voicy une étrange affaire. Je tremble pour vous depuis les piez jusqu'à la tête, et... Attendez.

Il se retourne et fait semblant d'aller voir au bout du Théâtre s'il n'y a personne.

GERONTE *en tremblant.*

Eh ?

SCAPIN *en revenant.*

Non, non, non. Ce n'est rien.

GERONTE

Ne sçaurois-tu trouver quelque moyen, pour me tirer de peine ?

SCAPIN

J'en imagine bien un ; mais je courerois risque, moy, de me faire assommer.

GERONTE

Eh, Scapin, montre-toy Serviteur zélé. Ne m'abandonne pas, je te prie.

SCAPIN

Je le veux bien. J'ay une tendresse pour vous, qui ne sçauroit souffrir que je vous laisse sans secours.

GERONTE

Tu en seras récompensé, je t'assure ; et je te promets cet Habit-cy, quand je l'auray un peu usé.

SCAPIN

Attendez. Voicy une affaire que je me suis trouvée fort à propos pour vous sauver. Il faut que vous vous mettiez dans ce Sac, et que...

GERONTE *croyant voir quelqu'un.*

Ah !

SCAPIN

Non, non, non, non ; ce n'est personne. Il faut, dis-je, que vous vous mettiez là-dedans, et vous gardiez de remuer en aucune façon. Je vous chargeray sur mon dos comme un paquet de quelque chose, et je vous porteray ainsi, au-travers de vos Ennemis, jusques dans vostre Maison, où, quand nous serons une fois, nous pourrons nous barricader, et envoyer quérir main-forte contre la violence.

GERONTE

L'invention est bonne.

SCAPIN

La meilleure du Monde. Vous allez voir. (*A part :*) Tu me payeras l'imposture.

GERONTE

Eh ?

SCAPIN

Je dis que vos Ennemis seront bien attrapez. Mettez-vous bien jusqu'au fond, et, sur-tout, prenez garde de ne vous point montrer, et de ne branler pas, quelque chose qui puisse arriver.

GERONTE

Laisse-moy faire. Je sçauray me tenir.

SCAPIN

Cachez-vous. Voicy un Spadassin qui vous cherche.
En contrefaisant sa voix :
Quoy, jé n'auray pas l'abantage dé tuer cé Géronte, et quelqu'un, par charité, né m'enseignera pas où il est !

A Géronte, avec sa voix ordinaire :

Ne branlez pas! (*Reprenant son ton contrefait :*) *Cadédis, jé lé troubérai, sé cachast-il au centre dé la terre.*

A Géronte, avec son ton naturel :

Ne vous montrez pas! (*Tout le langage gascon est supposé de celui qu'il contrefait, et le reste de luy.*) *Oh, l'homme au sac!* — Monsieur? — *Jé té vaille un Loüis, et m'enseigne où pût estre Géronte.* — Vous cherchez le Seigneur Geronte? — *Oüy, mordy, jé lé cherche.* — Et pour quelle affaire, Monsieur? — *Pour quelle affaire?* — Oüy. — *Je beux, cadédis, lé faire mourir sous les coups de vaton.* — Oh, Monsieur, les coups de baston ne se donnent point à des Gens comme luy, et ce n'est pas un Homme à estre traitté de la sorte. — *Qui? cé fat de Géronte, cé maraud, cé vélître?* — Le Seigneur Geronte, Monsieur, n'est ny fat, ny maraut, ni belître, et vous devriez, s'il vous plaist, parler d'autre façon. — *Comment, tu mé traittes, à moy, avec cette hauteur?* — Je défens, comme je dois, un Homme d'honneur qu'on offence. — *Est-ce que tu es des Amis dé cé Géronte?* — Oüy, Monsieur, j'en suis. — *Ah, cadédis, tu es de ses Amis, à la vonne hure!*

Il donne plusieurs coups de baston sur le sac.

Tien, boilà cé qué jé té vaille pour luy.

Ah! ah! ah! ah! ah! Monsieur! Ah! ah! Monsieur, tout beau! Ah! doucement! Ah! ah! ah! — *Va, porte-*

luy célà dé ma part. Adiusias! — Ah! diable soit le Gascon! Ah! *(En se plaignant et remuant le dos comme s'il avoit reçu les coups de baston.)*

GERONTE *mettant la tête hors du sac.*

Ah, Scapin, je n'en puis plus !

SCAPIN

Ah, Monsieur, je suis tout moulu, et les épaules me font un mal épouvantable !

GERONTE

Comment ? C'est sur les miennes qu'il a frapé !

SCAPIN

Nenny, Monsieur ; c'estoit sur mon dos qu'il frapoit.

GERONTE

Que veux-tu dire ? J'ay bien senty les coups, et les sens bien encore.

SCAPIN

Non, vous dis-je ; ce n'est que le bout du baston qui a été jusque sur vos épaules.

GERONTE

Tu devois donc te retirer un peu plus loin, pour m'épargner.

SCAPIN *luy remet la teste dans le sac.*

Prenez garde ! En voicy un autre, qui a la mine d'un étranger. *(Cet endroit est de mesme que celuy du Gascon pour le changement de langage et le ieu de Théatre.) Party, moy courir comme une Basque, et moy ne pouvre point troufair de tout le jour sty Tiable de Gironte?* — Cachez-vous bien! — *Dites-moy un peu, fous, Monsir l'Homme, s'il vé plait, fous sçavoir point ou l'est sty Gironte que moy cherchair?* — Non, Monsieur, je ne sçay point où est Geronte. — *Dites-moy le fous franchemente; moy ly fouloir pas grande chose à luy. L'est seulemente pour ly donnair un petite régale, sur le dos, d'un douzaine de coups de bastonne, et de trois ou quatre petites coups d'épée au trafers de son poitrine.* — Je vous assure, Monsieur, que je ne sçay pas où il est. — *Il me semble que j'y foy remuair quelque chose dans sty Sac.* — Pardonnez-moy, Monsieur. — *Ly est assurèment quelque histoire là tétans.* — Point du tout, Monsieur. — *Moi l'afoir enfie de tonner ain coup d'épèe dans ste Sac.* — Ah, Monsieur, gardez-vous-en bien! — *Montre-le moy un peu, fous, ce que c'estre là.* — Tout beau, Monsieur. — *Quement, tout beau!* — Vous n'avez que faire de vouloir voir ce que je porte. — *Et, moy, je le fouloir foir, moy.* — Vous ne le verrez point. — *Ah, que de badinemente!* — Ce sont hardes qui m'appartiennent. — *Montre-moi, fous, te dy-je.* — Je n'en feray rien. — *Toy ne faire rien?* — Non. — *Moy pailler de ste bâtonne dessus les épaules de toy.* — Je me moque de cela. — *Ah, toy faire le trôle!* — Ahi! ahi! ahi! Ah! Monsieur ah, ah, ah! — *Jusqu'au refoir; l'estre-là un petit leçon pour ly aprendre à toy à parlair insolentemente.* — Ah. Peste soit du Baragoüineux! ah!

GERONTE *sortant sa teste du sac.*

Ah, je suis roué !

SCAPIN

Ah, je suis mort !

GERONTE

Pourquoi diantre faut-il qu'ils frapent sur mon dos ?

SCAPIN *luy remettant sa teste dans le sac.*

Prenez garde ; voicy une demi-douzaine de Soldats tout ensemble.

Il contrefait plusieurs personnes ensemble :

Allons, tâchons de trouver ce Géronte. Cherchons par tout. — *N'épargnons point nos pas.* — *Courons toute la Ville.* — *N'oublions aucun lieu.* — *Visitons tout.* — *Furetons de tous les costez.* — *Par où irons-nous ?* — *Tournons par là.* — *Non, par icy.* — *A gauche !* — *A droit !* — *Nenni !* — *Si fait.* — Cachez-vous bien. — *Ah, camarades, voicy son Valet !* — *Allons, Coquin, il faut que tu nous enseignes où est ton Maistre.* — Eh, Messieurs, ne me maltraittez point. — *Allons, dy nous où il est.* — *Parle.* — *Haste-toy.* — *Expédions.* — *Dépesche viste.* — *Tost.* — Eh ! Messieurs, doucement !

Géronte met doucement la teste hors du sac, et aperçoit la fourberie de Scapin.

Si tu ne nous faist trouver ton Maistre tout-à-l'heure, nous allons faire pleuvoir sur toy une ondée de coups de baston. — J'aime mieux souffrir toute chose que de vous décou-

vrir mon Maistre. — *Nous allons t'assommer.* — Faites
tout ce qu'il vous plaira. — *Tu as envie d'être battu?* —
Je ne trahiray point mon maistre. — *Ah, tu en veux
tâter? Voilà...* Oh!

> *Comme il est prest de fraper, Géronte sort du sac, et Scapin s'enfuit.*

GERONTE

Ah, infame! Ah, traistre! Ah, scélérat! C'est ainsi
que tu m'assassines?

SCÈNE III

ZERBINETTE, GERONTE

ZERBINETTE

Ah, ah; je veux prendre un peu l'air!

GERONTE

Tu me le payeras, je te jure.

ZERBINETTE

Ah! ah! ah! ah! La plaisante histoire; et la bonne
dupe que ce Vieillard!

GERONTE

Il n'y a rien de plaisant à cela, et vous n'avez que
faire d'en rire.

ZERBINETTE

Quoy ? Que voulez-vous dire, Monsieur ?

GERONTE

Je veux dire que vous ne devez pas vous moquer de
moy.

ZERBINETTE

De vous ?

GERONTE

Oüy.

ZERBINETTE

Comment ? Qui songe à se moquer de vous ?

GERONTE

Pourquoy venez-vous icy me rire au nez ?

ZERBINETTE

Cela ne vous regarde point, et je ris toute seule
d'un conte qu'on vient de me faire, le plus plaisant
qu'on puisse entendre. Je ne sçay pas si c'est parce que
je suis intéressée dans la chose ; mais je n'ay jamais
trouvé rien de si drôle qu'un tour qui vient d'estre
joüé par un Fils à son Père, pour en attraper de l'argent.

GERONTE

Par un Fils à son Père, pour en attraper de l'argent ?

ZERBINETTE

Oüy. Pour peu que vous me pressiez, vous me

trouverez assez disposée à vous dire l'affaire, et j'ay
une démangeaison naturelle à faire part des contes que
je sçay.

 GERONTE

Je vous prie de me dire cette histoire.

ZERBINETTE

Je le veux bien. Je ne risqueray pas grand'chose à
vous la dire, et c'est une avanture qui n'est pas pour
estre longtemps secrette. La Destinée a voulu que je
me trouvasse parmi une bande de ces Personnes
qu'on appelle Egyptiens, et qui, rôdant de Province
en Province, se meslent de dire la bonne fortune et,
quelquefois, de beaucoup d'autres choses. En arrivant
dans cette Ville, un jeune Homme me vit, et conçeut
pour moy de l'amour. Dès ce moment, il s'attache à
mes pas, et le voilà d'abord, comme tous les jeunes
Gens, qui croyent qu'il n'y a qu'à parler, et qu'au
moindre mot qu'ils nous disent, leurs affaires sont
faites; mais il trouva une fierté qui luy fit un peu corriger ses premières pensées. Il fit connoistre sa passion
aux Gens qui me tenoient, et il les trouva disposez à
me laisser à luy, moyennant quelque somme. Mais le
mal de l'affaire estoit que mon Amant se trouvoit dans
l'état où l'on voit très souvent la plûpart des Fils de
Famille, c'est-à-dire qu'il estoit un peu dénüé d'argent,

et il a un Père, qui, quoy que riche, est un avaricieux fieffé, le plus vilain Homme du Monde. Attendez. Ne me sçaurois-je souvenir de son nom? Haye! Aidez-moy un peu! Ne pouvez-vous me nommer quelqu'un de cette Ville qui soit connu pour estre avare au dernier point?

GERONTE

Non.

ZERBINETTE

Il y a à son nom du *ron... ronte; Or... Oronte.* Non. *Ge... Géronte.* Oüy, *Géronte,* justement; voilà mon Vilain; je l'ay trouvé; c'est ce ladre-là que je dy. Pour venir à nostre conte, nos Gens ont voulu aujourd'huy partir de cette Ville, et mon Amant m'alloit perdre faute d'argent, si, pour en tirer de son Père, il n'avoit trouvé du secours dans l'industrie d'un Serviteur qu'il a. Pour le nom du Serviteur, je le sçay à merveille. Il s'appelle Scapin. C'est un homme incomparable, et il mérite toutes les louanges qu'on peut donner.

GERONTE

— Ah, Coquin que tu es! —

ZERBINETTE

Voicy le stratagême dont il s'est servy pour attraper sa dupe. *Ah! ah! ah! ah!* Je ne sçaurois m'en souvenir que je ne rië de tout mon cœur. *Ah! ah! ah!* Il est allé

trouver ce chien d'avare, *ah! ah! ah!* et luy a dit
qu'en se promenant sur le Port avec son Fils, *hi! hi!*
ils avoient veu une Galère Turque, où on les avoit
invitez d'entrer ; qu'un jeune Turc leur y avoit donné
la Colation ; *ah!* que, tandis qu'ils mangeoient, on
avoit mis la Galère en mer, et que le Turc l'avoit ren-
voyé luy seul à terre dans un Esquif, avec ordre de
dire au Père de son Maistre qu'il emmenoit son Fils
en Alger, s'il ne lui envoyoit tout-à-l'heure cinq cens
Ecus. *Ah! ah! ah!* Voilà mon ladre, mon vilain, dans
de furieuses angoisses, et la tendresse qu'il a pour son
Fils fait un combat étrange avec son avarice. Cinq
cens Ecus qu'on luy demande, sont justement cinq
cens coups de poignard qu'on luy donne. *Ah! ah! ah!*
Il ne peut se résoudre à tirer cette somme de ses
entrailles, et la peine qu'il souffre luy fait trouver cent
moyens ridicules pour ravoir son Fils. *Ah! ah! ah!* Il
veut envoyer la Justice en mer après la Galère du
Turc. *Ah! ah! ah!* Il sollicite son Valet de s'aller offrir
à tenir la place de son Fils, jusqu'à ce qu'il ait amassé
l'argent qu'il n'a pas envie de donner. *Ah! ah! ah!* Il
abandonne, pour faire les cinq cens Ecus, quatre ou
cinq vieux habits qui n'en valent pas trente. *Ah! ah! ah!*
Le Valet luy fait comprendre à tous coups l'impertinence de ses propositions, et chaque réflexion est
douloureusement accompagnée d'un : *Mais que diable*

XXVIII.   14

alloit-il faire à cette Galère? Ah! maudite Galère! Traistre de Turc! Enfin après plusieurs détours, après avoir longtemps gémy et soûpiré...

Mais il me semble que vous ne riez point de mon conte. Qu'en dites-vous?

GERONTE

Je dis que le jeune Homme est un pendart, un insolent, qui sera puny par son Père du tour qu'il luy a fait; que l'Egyptienne est une mal-avisée, une impertinente, de dire des injures à un Homme d'honneur qui sçaura luy aprendre à venir icy débaucher les Enfans de Famille, et que le Valet est un scélérat, qui sera par Géronte envoyé au gibet avant qu'il soit demain.

SCÈNE IV

SILVESTRE, ZERBINETTE

SILVESTRE

Où est-ce donc que vous vous échapez? Sçavez-vous bien que vous venez de parler là au Père de vostre Amant?

ZERBINETTE

Je viens de m'en douter, et je me suis adressé à luy-mesme, sans y penser, pour luy conter son histoire.

SILVESTRE

Comment, son histoire ?

ZERBINETTE

Oüy. J'estois toute remplie du conte, et je brûlois
de le redire. Mais qu'importe ? Tant pis pour luy. Je
ne vois pas que les choses pour nous en puissent
estre ny pis, ny mieux.

SILVESTRE

Vous aviez grande envie de babiller, et c'est avoir
bien de la langue que de ne pouvoir se taire de ses
propres affaires.

ZERBINETTE

N'auroit-il pas apris cela de quelqu'autre ?

SCÈNE V

ARGANTE, SILVESTRE

ARGANTE

Holà! Silvestre.

SILVESTRE

Rentrez dans la Maison. Voilà mon Maistre qui
m'apelle.

ARGANTE

Vous vous estes donc accordez, Coquin; vous vous

estes accordez, Scapin, vous et mon Fils, pour me fourber, et vous croyez que je l'endure ?

SILVESTRE

Ma foy, Monsieur, si Scapin vous fourbe, je m'en lave les mains, et vous assure que je n'y trempe en aucune façon.

ARGANTE

Nous verrons cette affaire, Pendard, nous verrons cette affaire, et je ne prétens pas qu'on me fasse passer la plume par le bec.

SCÈNE VI

GERONTE, ARGANTE, SILVESTRE

GERONTE

Ah! Seigneur Argante, vous me voyez accablé de disgrâce.

ARGANTE

Vous me voyez aussi dans un accablement horrible.

GERONTE

Le pendard de Scapin, par une fourberie, m'a attrapé cinq cens Ecus.

ARGANTE

Le mesme pendard de Scapin, par une fourberie aussi, m'a attrapé deux cens Pistoles.

GERONTE

Il ne s'est pas contenté de m'attraper cinq cens Ecus.
Il m'a traitté d'une manière que j'ay honte de dire ;
mais il me la payera.

ARGANTE

Je veux qu'il me fasse raison de la pièce qu'il m'a
joüée !

GERONTE

Et je prétens faire de luy une vangeance exemplaire.

SILVESTRE

— Plaise au Ciel que, dans tout cecy, je n'aye point
ma part ! —

GERONTE

Mais ce n'est pas encor tout, Seigneur Argante, et
un malheur nous est toûjours l'avant-coureur d'un
autre. Je me réjoüissois aujourd'huy de l'espérance
d'avoir ma Fille, dont je faisois toute ma consolation,
et je viens d'apprendre de mon Homme qu'elle est
partie, il y a long-temps, de Tarente, et qu'on y croit
qu'elle a péry dans le vaisseau où elle s'embarqua.

ARGANTE

Mais pourquoy, s'il vous plaît, la tenir à Tarente,
et ne vous estre pas donné la joye de l'avoir avec
vous ?

GERONTE

J'ay eu mes raisons pour cela, et des intérests de famille m'ont obligé jusques icy à tenir fort secret ce second Mariage. Mais que vois-je ?

SCÈNE VII

NERINE, ARGANTE, GERONTE, SILVESTRE

GERONTE

Ah, te voilà, Nourrice !

NERINE *se jettant à ses genoux.*

Ah, Seigneur Pandolphe, que.....

GERONTE

Apelle-moy Geronte, et ne te sers plus de ce nom. Les raisons ont cessé qui m'avoient obligé à le prendre parmy vous à Tarente.

NERINE

Las ! que ce changement de nom nous a causé de troubles et d'inquiétudes dans les soins que nous avons pris de vous venir chercher icy !

GERONTE

Où est ma Fille et sa Mère ?

NERINE

Vostre Fille, Monsieur, n'est pas loin d'icy. Mais, avant que de vous la faire voir, il faut que je vous demande pardon de l'avoir mariée, dans l'abandonnement où, faute de vous rencontrer, je me suis trouvée avec elle.

GERONTE

Ma Fille mariée ?

NERINE

Oüy, Monsieur.

GERONTE

Et avec qui ?

NERINE

Avec un jeune Homme nommé Octave, Fils d'un certain Seigneur Argante.

GERONTE

O Ciel !

ARGANTE

Quelle rencontre !

GERONTE

Mène-nous, mène-nous promptement où elle est.

NERINE

Vous n'avez qu'à entrer dans ce Logis.

GERONTE

Passe devant. Suivez-moy, suivez-moy, Seigneur Argante.

SILVESTRE

— Voilà une avanture qui est tout-à-fait surprenante.

SCÈNE VIII

SCAPIN, SILVESTRE

SCAPIN

Hé bien, Silvestre, que font nos gens ?

SILVESTRE

J'ay deux avis à te donner. L'un, que l'affaire d'Octave est accommodée. Nostre Hiacinte s'est trouvée la Fille du Seigneur Geronte, et le hazard a fait ce que la prudence des Pères avoit délibéré. L'autre avis, c'est que les deux Vieillards font contre toy des menaces épouvantables, et sur tout le Seigneur Geronte.

SCAPIN

Cela n'est rien. Les menaces ne m'ont jamais fait mal, et ce sont des nuées qui passent bien loin sur nos testes.

SILVESTRE

Prens garde à toy ! Les Fils se pourroient bien raccommoder avec les Pères, et toy demeurer dans la nasse.

SCAPIN

Laisse-moy faire ; je trouveray moyen d'appaiser leur courroux, et...

SILVESTRE

Retire-toy. Les voilà qui sortent.

SCÈNE IX

GERONTE, ARGANTE, SILVESTRE, NERINE, HIACINTE

GERONTE

Allons, ma Fille, venez chez moy. Ma joye auroit été parfaite, si j'y avois pû voir vostre Mère avec vous.

ARGANTE

Voicy Octave tout-à-propos.

SCÈNE X

OCTAVE, ARGANTE, GERONTE, HIACINTE, NERINE, ZERBINETTE, SILVESTRE

ARGANTE

Venez, mon Fils, venez vous réjoüir avec nous de l'heureuse avanture de vostre Mariage. Le Ciel...

XXVIII.　　　　　　　　　　　15

OCTAVE *sans voir Hiacinte.*

Non, mon Père ; toutes vos propositions de Mariage ne serviront de rien. Je dois lever le masque avec vous, et l'on vous a dit mon engagement.

ARGANTE

Ouy. Mais tu ne sçay pas...

OCTAVE

Je sçay tout ce qu'il faut sçavoir.

ARGANTE

Je te veux dire que la Fille du Seigneur Geronte...

OCTAVE

La Fille du Seigneur Geronte ne me sera jamais de rien.

GERONTE

C'est elle...

OCTAVE

Non, Monsieur, je vous demande pardon, mes résolutions sont prises.

SILVESTRE

Ecoutez...

OCTAVE

Non. Tay-toy ! Je n'écoute rien.

ARGANTE

Ta Femme...

OCTAVE

Non, vous dy-je, mon Père, je mourray plutost que
de quitter mon aimable Hiacinte.

Traversant le Théâtre pour aller à elle :   •

Oüy, vous avez beau faire ; la voilà celle à qui ma foy
est engagée ; je l'aimeray toute ma vie, et je ne veux
point d'autre Femme.

ARGANTE

Hé bien, c'est elle qu'on te donne. Quel diable
d'étourdy, qui suit toujours sa pointe !

HIACINTE

Oui, Octave. Voilà mon Père que j'ay trouvé, et
nous nous voyons hors de peine.

GERONTE

Allons chez moy ; nous serons mieux qu'icy pour
nous entretenir.

HIACINTE

Ah, mon Père, je vous demande, par grâce, que je
ne sois point séparée de l'aimable Personne que vous
voyez. Elle a un mérite qui vous fera concevoir de
l'estime pour elle, quand il sera connu de vous.

GERONTE

Tu veux que je tienne chez moy une Personne qui
est aimée de ton Frère, et qui m'a dit tantost au nez
mille sottises de moy-mesme ?

ZERBINETTE

Monsieur, je vous prie de m'excuser. Je n'aurois pas parlé de la sorte si j'avois sçeu que c'estoit vous, et je ne vous connoissois que de réputation.

GERONTE

Comment, que de réputation ?

HIACINTE

Mon Père, la passion que mon Frère a pour elle n'a rien de criminel, et je répons de sa vertu.

GERONTE

Voilà qui est fort bien. Ne voudroit-on point que je mariasse mon Fils avec elle ? Une Fille inconnuë, qui fait le métier de Coureuse !

SCÈNE XI

LEANDRE, OCTAVE, HIACINTE, ZERBINETTE,
ARGANTE, GERONTE, SILVESTRE, NERINE

LEANDRE

Mon Père, ne vous plaignez point que j'aime une inconnuë, sans naissance et sans bien. Ceux de qui je l'ay rachetée viennent de me découvrir qu'elle est de cette Ville, et d'honneste famille; que ce sont eux qui

l'ont dérobée à l'âge de quatre ans; et voicy un Bracelet qu'ils m'ont donné, qui pourra nous aider à trouver
ses Parens.

ARGANTE

Hélas, à voir ce Bracelet, c'est ma Fille, que je per-
dis à l'âge que vous dites !

GERONTE

Vostre Fille !

ARGANTE

Oüy, ce l'est, et j'y vois tous les traits qui m'en
peuvent rendre assuré.

HIACINTE

O Ciel ! Que d'avantures extraordinaires !

SCÈNE XII

CARLE, LEANDRE, OCTAVE, ARGANTE, GERONTE,
HIACINTE, ZERBINETTE, SILVESTRE, NERINE

CARLE

Ah, Messieurs, il vient d'arriver un accident étrange !

GERONTE

Quoi ?

CARLE

Le pauvre Scapin...

GERONTE

C'est un Coquin, que je veux faire pendre.

CARLE

Hélas! Monsieur, vous ne serez pas en peine de cela! En passant contre un Bastiment, il luy est tombé sur la tête un marteau de Tailleur de Pierre, qui luy a brisé l'os et découvert toute la cervelle. Il se meurt, et il a prié qu'on l'aportast icy pour vous pouvoir parler avant que de mourir.

ARGANTE

Où est-il?

CARLE

Le voilà.

SCÈNE DERNIÈRE

SCAPIN, CARLE, GERONTE, ARGANTE, ETC.

SCAPIN *aporté par deux Hommes, et la teste entourée de linges, comme s'il avoit été bien blessé.*

Ahy! ahy! Messieurs, vous me voyez... Ahy! vous me voyez dans un étrange Estat!... Ahy! Je n'ay pas voulu mourir sans venir demander pardon à toutes les Personnes que je puis avoir offensées! Ahy! oüy, Messieurs, avant que de rendre le dernier soûpir, je vous conjure, de tout mon cœur, de vouloir me pardonner

tout ce que je puis vous avoir fait, et principalement
le Seigneur Argante, et le Seigneur Geronte. Ahy !

ARGANTE

Pour moy, je te pardonne ; va, meurs en repos !

SCAPIN

C'est vous, Monsieur, que j'ay le plus offensé par
les coups de baston que...

GERONTE

Ne parle point davantage ; je te pardonne aussy.

SCAPIN

Ç'a esté une témérité bien grande à moy, que les
coups de baston que je...

GERONTE

Laissons cela.

SCAPIN

J'ay, en mourant, une douleur inconcevable des
coups de baston que...

GERONTE

Mon Dieu ! Tay-toy !

SCAPIN

Les malheureux coups de baston que je vous...

GERONTE

Tay-toy, te dis-je ; j'oublie tout.

SCAPIN

Hélas, quelle bonté ! Mais est-ce de bon cœur, Monsieur, que vous me pardonnez ces coups de baston que...

GERONTE

Eh ! oüy. Ne parlons plus de rien ; je te pardonne tout. Voilà qui est fait.

SCAPIN

Ah ! Monsieur, je me sens tout soulagé depuis cette parole.

GERONTE

Oüy ; mais je te pardonne à la charge que tu mourras.

SCAPIN

Comment, Monsieur ?

GERONTE

Je me dédis de ma parole, si tu réchapes.

SCAPIN

Ahy ! ahy ! Voilà mes foiblesses qui me reprennent.

ARGANTE

Seigneur Geronte, en faveur de nostre joye, il faut luy pardonner sans condition.

GERONTE

Soit.

ARGANTE

Allons souper ensemble, pour mieux goûter nostre plaisir.

SCAPIN

Et moy, qu'on me porte au bout de la table, en attendant que je meure.

LES FOURBERIES DE SCAPIN

EXPLICATION DES PLANCHES

NOTICE. — En-tête. Bande ornementale. Au milieu, dans un écusson, une petite vue de la ville de Naples, où Molière a placé l'action des *Fourberies de Scapin*.

— Lettre D, ornée de fleurs ; à l'intérieur de la lettre, Scapin, dans l'attitude de la méditation.

— Cul-de-lampe. Au milieu de rinceaux, dans un écusson, le caducée de Mercure et le carquois de l'Amour, symbolisant l'alliance, dans la comédie, de l'amour et de la fourberie. Au-dessus, dans un médaillon circulaire, le profil de Scapin.

FAUX TITRE. — *Les Fourberies de Scapin*, comédie. Au-dessus de l'encadrement, formé de branches, Scapin est assis, la mine insolente, et avec un air de triomphe. A ses pieds, deux renards, emblèmes de sa fourberie.

GRAND TITRE. — Dans le haut de l'encadrement, Mercure, son caducée à la main, et des ailes à ses pieds, descend des cieux portant sur ses épaules l'enfant Amour. Aux deux côtés, dans des cadres oblongs, Géronte et Argante, les deux victimes des fourberies de Scapin, avec des attitudes de menaçante colère. Au milieu, sous le titre, Scapin, debout, jongle avec 'une balance, un faisceau, et d'autres attributs de la justice. Dans la partie inférieure, appuyés au cadre, les deux groupes des jeunes amants : à gauche Octave agenouillé devant Hiacinte, à droite Léandre étendu aux pieds de la bohémienne Zerbinette.

GRANDE PLANCHE. — Acte II, scène III. Octave retient son ami Léandre, qui veut frapper Scapin, pour le punir de l'avoir berné, volé, et même battu par-dessus le marché.

CADRE POUR LE NOM DES ACTEURS. — Dans le haut, à droite et à gauche, deux vues en profil de la galère turque imaginée par Scapin pour soustraire cinq cents écus au vieux Géronte. Sur les côtés, deux épouvantails à moineaux, l'un ayant la forme d'un turc, l'autre d'un matamore. Au bas, assis et trônant, la mine souriante, Scapin reçoit les sacs d'écus que lui remettent, à contre cœur, Argante et Géronte.

ACTE I. — En-tête, Scène III. En présence de Silvestre, Octave et Hiacinte conjurent Scapin de servir leurs amours.

— Lettre A. Scène I. A son maître Octave, qui lui raconte ses embarras et lui demande conseil dans la fâcheuse situation où il est, le valet Silvestre répond : « Ma foy, je m'y trouve aussi embarassé que vous ! »

— Cul-de-lampe. Scène IV. En présence de Silvestre, Scapin défie Argante de déshériter son fils Octave. Au bas de l'encadrement, deux satyres, emblème de l'effronterie de Scapin.

ACTE II. — En-tête. Scène VI. Silvestre, affublé en matamore, et se faisant passer pour le frère d'Hiacinte, menace Argante, qui se cache, épouvanté, derrière Scapin.

— Lettre O. Scène II. Léandre, rencontrant son père Géronte, qui revient de voyage, veut se jeter dans ses bras; mais Géronte, qui a sur le cœur ce qu'Argante lui a insinué de la conduite de son fils, arrête le jeune homme et l'invite d'abord à se justifier.

— Cul-de-lampe. Scène VII. Géronte, tenant en main la bourse avec les cinq cents écus destinés, d'après le récit de Scapin, au rachat de son fils, s'indigne de la fantaisie qu'a eue Léandre de visiter une galère turque. Dans l'encadrement, deux turcs de comédie, occupés à ramer.

ACTE III. — En-tête. Fin de la scène II. Au moment où Scapin s'apprêtait à le frapper de nouveau, Géronte a brusquement sorti la tête du sac où il était enfermé, et a découvert la ruse du valet. Celui-ci s'enfuit, poursuivi par les menaces du vieillard. Dans l'encadrement, des museaux de renards.

— Lettre O. Scapin, laissant partir Hiacinte et Zerbinette sous la garde de Silvestre, décide d'attendre Géronte avec lequel il lui reste un petit compte à régler.

— Cul-de-lampe. Scène dernière. Dans un encadrement soutenu par de petits amours, Scapin qui feint d'être mourant, et qui a obtenu déjà le pardon d'Argante, essaie d'obtenir encore celui de Géronte. A gauche Octave et Hiacinte, Léandre et Zerbinette, accompagnés de Silvestre, guettent en souriant l'issue de cette dernière fourberie : à droite, les deux porteurs, qui ont amené Scapin, admirent son ingéniosité.

Achevé d'imprimer a Évreux

Par Charles Hérissey

Le quatre Janvier Mil huit cent quatre-vingt-seize

Pour le compte d'Émile Testard

Éditeur a Paris

www.ingramcontent.com/pod-product-compliance
Lightning Source LLC
Chambersburg PA
CBHW050018100426
42739CB00011B/2690